Querencia

MELANIE MÁRQUEZ ADAMS

MELANIE MÁRQUEZ ADAMS

Querencia

Crónicas de
una latinoamericana
en USA

katakana
editores

Querencia: Crónicas de una latinoamericana en USA
Primera edición 2020

© Melanie Márquez Adams

© Arte de Portada: "Flores para la tumba de un inmigrante" Sandra C. Fernández

© Publicado por katakana editores 2020
Todos los derechos reservados

Editor: Omar Villasana
Diseño: Elisa Orozco
Imágenes de interiores: pixabay.com

ISBN: 978-1-7341850-6-5

✉ katakanaeditores@gmail.com
KATAKANA EDITORES CORP.
Weston FL 33331

Índice

Querencia describe un lugar donde una se siente segura,
un lugar desde el cual se extrae la fuerza de carácter,
un lugar donde una se siente como en casa.

Para los escritores,
ese deseo apremiante de escribir es nuestra *Querencia*.
Escribir es la manera de encontrar y mantener nuestra casa.

GEORGIA HEARD, *Writing Toward Home*

Una leyenda
del Sur

DICEN QUE POR LOS LUJOSOS PASILLOS del Hotel Opryland en Nashville, Tennessee, pena una mujer fantasma conocida como Lady in Black. Quienes se han encontrado con ella dicen que es de aspecto más bien terrorífico y que el vestido negro vaporoso que lleva, complementa su imagen gótica sureña. Los empleados del hotel aseguran que no hay que tenerle miedo, que ella se contenta con observar a los huéspedes y a los turistas que recorren el icónico lugar atraídos por sus fuentes y jardines exóticos.

Más abajo en el mismo continente (o en uno diferente, según en qué país hayas estudiado geografía) se escuchan historias de un personaje similar. Excepto que esa otra aparición no se conforma con solo observar a la gente. Es más tradicional en su ocupación de fantasma y en sus mejores momentos se dio gusto aterrorizando y causando revuelo en las calles guayaquileñas.

No es otra que la Dama Tapada, una mujer fantasma que comenzó a penar en la ciudad de Guayaquil allá por el año 1700.

Casi todas las versiones de la leyenda de la Dama Tapada la describen como una mujer de figura esbelta (la figura siempre es esbelta en el caso de las almas en pena femeninas) que lleva el rostro cubierto por un velo oscuro. Con la misión de interceptar y seducir a caballeros a la salida de las tabernas, cuentan que la Dama iniciaba su recorrido a partir de la medianoche. A esa hora en que las escasas farolas de aceite esparcían por las calles adoquinadas un resplandor siniestro: el ambiente perfecto para salir de caza.

Los pobres señores, que bien sabemos carecen de control ante las artes seductoras de las bellas damas, seguían como en un trance a aquella mujer espléndida que los llevaba por callejones apartados y oscuros. Una vez que tenía arrinconadas a sus presas, la Dama Tapada se volteaba para mostrar su rostro: una calavera en la plenitud femenina de la putrefacción.

Como sucede en toda buena historia de espanto, aquella experiencia aterradora, o bien mataba a los señores de un infarto, o bien los dejaba traumatizados por un largo tiempo (les regalaba también tremenda anécdota para algún día asustar e impresionar a sus nietos). Imaginemos el pánico que causaron aquellos encuentros: "Cuidadito señores... esto es lo que les puede ocurrir si no regresan directamente a sus casas después del trabajo".

Pero al parecer, la Dama Tapada se cansó de las calles guayaquileñas y de repente no se la vio más por la ciudad porteña. Se reportaron avistamientos esporádicos en el resto de Ecuador y países vecinos, pero con el tiempo, ¡puf! Por supuesto que un alma en pena que encuentra tanto placer en el mundo de los vivos no elegiría desaparecer así nada más —eso no tiene ningún sentido. La explicación es mucho más simple y es que al igual que varios de nosotros, la inquieta Dama decidió partir rumbo al Norte.

Luego de que a Felipe V se le antojara hacer de El Callao el puerto principal, Guayaquil comenzó a perder ese esplendor que había resultado atractivo para la Dama Tapada. El brote de fiebre amarilla de 1742 que arrasó con la mitad de la población acabó por convencerla. ¿Cuál era la diversión de penar calles desiertas? ¡Goodbye, Perla del Pacífico! Podemos imaginar a la Dama explorando a través de las décadas las calles de Florida, Alabama y Georgia (todas ellas rebosantes de fantasmas como bien se sabe) hasta acabar en la capital de Tennessee. Privilegiada por su estatus de puerto —un centro ferroviario importante también—, a partir de 1779 la ciudad de Nashville experimentó un crecimiento que no pasó desapercibido para nuestra fantasmagórica viajera.

Otro atributo importante: el Río Cumberland que atravesaba la ciudad. Después de todo, las aguas del Río Guayas nunca dejarían de habitarla.

Como una marejada, el alboroto de la vibrante capital sureña continuó en aumento a través de los siglos (recordemos que el tiempo no funciona igual para los fantasmas) y acabó por seducir a la Dama Tapada.

Y allí se quedó.

A recorrer las calles llenas de gente, llenas del ruido de parlantes que explotan con música desde todos los rincones. La medida perfecta de movimiento y locura, sin desbordar, como pasa en las calles de las grandes urbes de Latinoamérica y Estados Unidos —esas en las que hasta los fantasmas caminan apretujados.

En Nashville hay espacio para todos: ¡Welcome Y'all! Tanto vivos como muertos.

La ciudad los recibe con un shot de whisky y la música más entretenida del mundo. Imposible para la Dama no enamorarse de la música country: canciones pegajosas y simples que vibran en el alma con remembranzas de sweet tea, trucks y amores en graneros.

Eso sí, ni siquiera los fantasmas pueden escapar las regulaciones de este país y a la Dama Tapada no le convalidaron la licencia ecuatoriana para ir asustando a hombres parranderos. Con el pasar del tiempo, también acabaron por prohibirle el uso del velo (cuidado y la fueran a confundir con una terrorista) por lo que llegó un momento en que su nombre dejó de tener sentido. Por suerte, cambiarse el nombre aquí es de lo más fácil y la creatividad es el límite a la hora de elegir cómo te vas a llamar dentro de tu American Dream.

¡Welcome to the USA, querida Lady in Black!

Y ya que no la dejaban espantar, se le ocurrió que su nuevo pasatiempo podía ser el people-watching, muy fructífero por la cantidad y variedad de gente que llega a la ciudad de la música desde todos los rincones del país y del más allá.

Quizás el Hotel Opryland se convirtió en uno de los lugares favoritos de la Dama por el sonido persistente del agua. Ese que borbotea en las fuentes y los estanques del lobby y que acecha cada rincón. El agua, siempre el agua, porque a pesar de que es feliz en su hogar sureño, no olvida la sangre guayaquileña que alguna vez recorrió sus venas y esa nostalgia a veces la lleva de regreso a las calles que solía penar. Tan diferentes ahora pero todavía impregnadas del olor y la tibieza del río.

Después de divertirse observando a la gente en el hotel, a la Dama le gusta pasear a lo largo del Riverfront Park y ver las luces de los edificios derramarse en el río como acuarelas iridiscentes. Cuando tiene ganas de escuchar música country tradicional, atraviesa las paredes de los honky tonks donde puede ver a las parejas mayores bailar el country-two-step: bailes de antes, amores de antes.

Si en cambio le provocan las tonadas modernas, se aparece en los bares de la calle Broadway. Disfruta ver a los jóvenes (y a los no tan jóvenes) emborracharse y corear los últimos country hits de la radio junto a bandas que sueñan noche a noche con ser descubiertas.

Afuera del Legends Corner, uno de los icónicos honky tonks en downtown Nashville, se encuentra un mural: un grupo de estrellas de la música country regala a su público enormes sonrisas desde una mesa en algún bar de otra dimensión. Si te concentras, seguramente podrás ver allí a la a la Dama Tapada. Le gusta contemplar el mural durante horas, imaginar que puede entrar en aquel mundo y ser parte de la fiesta. Sentarse junto a Garth Brooks y Johnny Cash, conversar con Dolly Parton y Loretta Lynn. Intercambiar con esos personajes historias de seducción y de vidas pasadas. Transmitirles un chorrito de su energía guayaquileña.

Ansía, más que nada, agitar el Río Cumberland con el eco de las aguas y los manglares del Río Guayas. 🈶

El color de los lagos

—No, no. ¿Cuál es tu verdadero nombre? —pregunta sin una pizca de asombro, como si dar un nombre falso fuera parte de la rutina.

—Este... no entiendo muy bien lo que quieres decir—. Empiezo a preguntarme si tal vez, desde mi última experiencia como estudiante, se inventaron nuevas reglas para navegar la vida universitaria en *América*.

—Pues que los estudiantes internacionales suelen escoger un nombre *americano* porque... bueno ya sabes, los de ellos son difíciles de pronunciar—. Sonríe y la fila de dientes perfectos se pierde en su piel vampiresa.

Sonrío de vuelta. No es la primera vez que insinúan que no tengo cara de Melanie. Tampoco será la última.

—Claro, entiendo —digo sacudiendo la cabeza, tal vez demasiado enfática.

Señalando el cartel que está por despegarse de la puerta del dormitorio que me han asignado, le explico que en realidad me llamo así y que, de pequeña, era en mi país donde algunas personas no sabían cómo pronunciar mi nombre.

—¡Wow! ¿En serio? —. Cubre su boca con la mano derecha mientras se ríe despacito, los hombros moviéndose de arriba a abajo. Una barbilla puntiaguda completa la imagen de villano de caricatura.

Por la noche, doy vueltas en la cocina, exhausta y hambrienta luego de una clase de tres horas. Cindy sale de su habitación, lista para ofrecerme galletas y dulces, provisiones indispensables en el *bowl* de plástico que hace también de centro de mesa.

Tiene toda clase de preguntas acerca del lugar de donde vengo. Quiere saber sobre el clima, la comida, la música. Siente curiosidad más que nada por las personas que habitan aquel rincón distante del mundo. "Seguro que allá la vida es más emocionante". El brillo en sus ojos mientras le cuento sobre Ecuador es la de un niño que acaba de descubrir una serie animada en la tele.

Cindy nunca ha estado fuera de su país —nunca ha viajado más allá de un par de estados vecinos a Tennessee. No conoce el mar. Su fascinación por las personas extranjeras comenzó en una escuela rural en la que pudo conectar con estudiantes de intercambio que venían de Asia y África. Quedó enganchada desde entonces.

Siempre que me conversa acerca de los chicos de intercambio, sus ojos azules se enturbian. La primera vez que esto sucede, pregunto apenada si alguno de ellos murió.

—No, no es eso —limpia sus ojos con las yemas de los dedos—. Es solo que... ¡Eran todos tan tiernos!

Me recuerda a la niña pequeña de una película que vi alguna vez —una que lloraba inconsolable por una camada de cachorritos a los cuales quería conservar para siempre. Lástima que le fueron arrebatados demasiado pronto, cuando apenas había comenzado a amarlos.

La mayor parte de mi tiempo libre transcurre junto a Cindy. Vamos de compras al único centro comercial de la ciudad o a Walmart. Algunas veces damos vueltas en el coche y sondeamos las montañas en busca de algún sitio bonito para caminar.

Una tarde fresca de primavera paseamos bajo los pinos que se entrelazan a nuestro alrededor. Fascinada con las ardillas que brincan por todos lados, le digo a Cindy que imagine que estamos en el medio de un acto de magia: enérgicas ardillas se transforman en largas y hermosas iguanas que prefieren estirarse bajo el sol antes que correr como maníacas.

—¿Puedes verlo, Cindy? —pregunto anticipando su emoción—. Pues ahora estás en mi ciudad. ¡Guayaquil!

Sus ojos se expanden hasta convertirse en dos enormes globos azules. Nunca había sido tan fácil deleitar a alguien con mis historias.

Me invita a la iglesia un miércoles. Le explico con delicadeza que mi tolerancia hacia los sermones está reservada para los domingos. Bueno, algunos domingos. No admito mi preocupación tonta y es que imagino los dulces pastelitos y donas rellenas de jalea —esos que abundan en las iglesias bautistas— escondiendo entre las capas de azúcar unos detectores diminutos de católicos. ¿Qué tal si en el preciso momento en que cruce la puerta, una alarma comience a chillar y un pastor baje del púlpito para expulsarme e informarme que mi alma adoradora de imágenes nunca llegará al cielo?

"¡Pero el miércoles es *college night*!", insiste. "No hay sermones. Prometo que te vas a divertir". Es difícil concebir algo relacionado a la iglesia como divertido, pero imposible decir que no a su cara de gatito tierno.

Atravesamos un auditorio rebosante de adolescentes y veinteañeros. Arriba en la enorme tarima, unos muchachos no mucho mayores a los de la audiencia luchan con toda clase de equipos y cables. Antes de alcanzar a preguntar si estamos en una iglesia o en un concierto, la oscuridad desciende sobre nosotras y el escenario cobra vida en tonos neón que relampaguean haciendo eco a los sonidos del bajo y de la guitarra eléctrica.

Con los brazos elevados hacia el cielo y los ojos cerrados, el cuerpo de Cindy se mece al ritmo del coro. La melodía es pegajosa y la letra de la canción es fácil de seguir. Me rindo ante las voces exaltadas y mis caderas se menean, poseídas por un espíritu embriagante.

Llenamos nuestras bandejas en la cafetería del centro estudiantil —descubro mi amor por los wafles hechos por mí misma en una gran waflera. Nos entretenemos buscando alrededor de las mesas estudiantes internacionales que nos parezcan *cute*. Entre los candidatos, un muchacho en particular —piel canela, cabello y ojos oscuros— llama la atención de Cindy.

Antes del receso de primavera, le doy una sorpresa. Acabo de conversar con el muchacho de la cafetería. Su nombre es Javier y es de México.

—¡Yo sabía que era latino! —grita—. ¡Tienes que presentármelo, por favor!

Mientras aplaude me cuenta que siempre ha querido tener un novio latino.

—¿Por qué latino, Cindy? —le pregunto anticipando la respuesta. Siempre es la misma respuesta.

—Porque son *tan* sexys, *tan* románticos… —muerde sus labios delgados mientras piensa qué más decir—. Es que no sé… los chicos blancos son *tan* aburridos. Yo quiero algo diferente. Emocionante.

Las aguas turquesas de sus ojos resplandecen llenas de posibilidades.

Ocho años después, curioseando en su página de Facebook, encuentro a Cindy comprometida con un chico que podría pasar por su hermano. Supongo que la fantasía del novio latino no incluía un feliz para siempre. Tampoco nuestra amistad, la cual no sobrevivió las fricciones de compartir un apartamento. A lo mejor fue la diferencia de edad. O quizás algunas amistades están destinadas a durar lo mismo que un semestre de clases.

De vez en cuando pienso en aquellos días simples de primavera que pasé junto a Cindy descubriendo mi nuevo entorno entre bosques y montañas. La imagino conversando con sus nuevas amigas sobre aquella compañera de apartamento extranjera que tuvo alguna vez. Sus ojos, del color de los lagos que habitan este lugar que ahora es mi casa, nublados por recuerdos de iguanas, ardillas y novios latinos. 🖬

Balada de los Apalaches

CAMBIO DE EMISORA Y LOS PARLANTES VIBRAN con la voz ronca de Johnny Cash. Rodeada de pequeñas montañas azules, voy sola en mi auto con música country o cristiana como únicas alternativas para acompañar mi viaje. Mientras giro la ruedita buscando la mejor opción, la voz acalorada de un pastor intenta entrometerse para contarme las razones por las que mi alma está condenada. Es Johnny quien gana la batalla y acabo tarareando junto a él, *I keep my eyes wide open all the time... I walk the line.*

Mi mente ondula alrededor de ese *I walk the line* y pienso en otra línea, esa que me toca caminar a mí. A diferencia de la del cantante country, la mía no es recta. Más bien resulta bastante torcida y algunas veces, tengo que recorrerla en zigzag.

Subo el volumen y me pregunto cuánto falta para llegar. Es difícil saber dónde estoy exactamente. A lo mejor me encuentro en Kentucky o quizás ya estoy en Virginia. Las fronteras aquí son borrosas y me confunden. A tan solo unas millas, en el Cumberland Gap, se puede contemplar el encuentro de tres estados y al mismo tiempo sentir que no se está en ningún lado.

Aquella imagen evoca otra que proviene de un lugar que me resulta cada vez más lejano. Ese donde una raya blanca marca la posibilidad de pisar dos hemisferios al mismo tiempo.

Las dos imágenes se entrecruzan y se enredan. Las líneas divisorias se unen y separan una y otra vez en un baile complicado. Acelero el paso e intento seguirles el ritmo, bailando con ellas, a su alrededor. En los márgenes. En algún lugar entre ellas.

Es difícil no pisar las líneas, no transgredirlas.

Me dejo llevar por la canción y las notas musicales resuenan con recuerdos de cinco años atrás. Un trabajo de oficina que involucra cuarenta minutos de edificios, tráfico y decenas de vallas publicitarias. La rutina me cansa y busco una nueva música de fondo: mi espíritu de aventura se activa y escojo una recóndita ciudad sureña en el país del norte. Me convenzo a mí misma de que por más apartada que esté de las ciudades grandes, si aloja una universidad debe ser un lugar al que podré acoplarme sin muchos problemas, ¿cierto?

Un clima helado —un frío que muerde— es mi anfitrión cuando piso estas tierras por primera vez en una tarde de enero. Lo tomo como una afrenta al calor sofocante que ha enmarcado el inicio de mi travesía durante la madrugada guayaquileña.

La preocupación comenzó minutos después de despegar: ¿Cómo se me pudo haber olvidado acordar un punto de encuentro? ¿Y si la persona de la universidad está en otra terminal del aeropuerto? ¿Y si pierdo mi única posibilidad de transporte en un sitio donde no conozco ni a un alma?

Todas estas interrogantes se disipan y dan paso a una peor cuando descubro el aeropuerto más pequeño que he visto en la vida. Un aeropuerto que apenas asoma desde la pesada colcha de nieve.

¿Dónde he venido a parar?

En el medio de la niebla, los edificios se disuelven en montañas, el tráfico en soledad, y las vallas en letreros que despliegan versos bíblicos. Son versos que a veces me reconfortan y que a veces... me dan miedo. Giro de nuevo el sintonizador de la radio: ahora me ofrece *bluegrass* como alternativa. Los instrumentos se van afinando y poco a poco empiezan a tocar para mí la sinfonía de las montañas.

La música de los Apalaches es la nueva acompañante de mi danza alrededor de la memoria.

La mandolina canta y viajo a mi primera cena de pascua con una familia de esta región. Luego del pesado banquete, la madre se levanta de la mesa y anuncia que va a dar un paseo para bajar la comida. Como si nada, añade que también va en busca de culebras.

Con el tañido del *banjo* de repente estoy en mi primera feria de pueblo, abrumada por el mareante olor a frituras y por la mirada insistente de una niñita rubia, blanquísima. La curiosidad precoz en sus ojos me recuerda que somos menos diferentes de lo que ella y yo pensamos.

El violín vibra a continuación con un chirrido que hinca mis oídos igual que lo hace todavía el acento sureño. Marca también el ritmo de un viejito bailarín de nariz puntiaguda —pelusas blancas en la cabeza— que se esmera por demostrar que todavía le queda tiempo. Rápidos y ligeros, sus pies golpean el suelo en una mezcla de pasos irlandeses, tal vez escoceses. Una hebilla inmensa y plateada desborda de ese cuerpo frágil que resiste.

Las cuerdas de la guitarra acústica rasgan la melodía y aterrizo en medio de una clase universitaria. Una vez más el profesor me pregunta cómo son las cosas en aquel lugar pintoresco del que piensa que vengo. La letra absurda de la canción de fondo quiere recordar al profesor que no hace falta buscar muy lejos de aquí si lo que quiere son historias coloridas, folclóricas.

Gruñe el bajo y resuena con montañas y más montañas, rieles y más rieles, iglesias y más iglesias, banderas y más banderas. El interminable coro me aturde y hace que añore la ciudad de la que vengo, que extrañe el mar de personas, las luces de los edificios, el graznido unísono de mil bocinas.

A ratos me siento una citadina atontada por el silencio seco e inamovible de la vida rural. Pero a medida que se disipa la emoción del ritmo feroz de la ciudad, algo inesperado me ocurre y es que de pronto, lo que resulta abrumador, lo que cansa, es la ola constante de personas, de ruido, de autos, los edificios que se aprietan uno contra otro y no me dejan respirar, el alarido incesante de un tráfico que se extiende más y más hasta que me pierdo. Hasta que dejo de escuchar mi propia voz.

En medio de la conmoción guayaquileña, la voz melancólica de las montañas me encuentra. Quieren que vaya hacia ellas y que me una a su monótono canto. Las líneas divisorias me halan hasta que caigo y no sé bien de qué lado de la frontera estoy. No tengo otra alternativa: me levanto y continúo este complicado baile. Confío en que las montañas me ayudarán a sobrevivir mis enredos y tropiezos.

Mi balada llega a su fin y es el turno de las voces de los Apalaches. Con sus melodías nostálgicas me cuentan historias sobre las minas de carbón, el fracking, las colchas de parches y el *moonshine*. Historias de la miseria y la alegría ingenua de su gente. Los escucho y me uno a la vida *country* que me ofrecen. Un tren se acerca. Su bramido se une a la melodía. 卉

Interpretando
a Tennessee

DÍA 1

Un arcoíris espeso se derrama sobre el cordón de pequeñas montañas. Contrasta y realza al mismo tiempo los brochazos dorados y celestes que salpican el cielo. En este rincón de los Apalaches de Tennessee, la belleza del paisaje a veces resulta abrumadora. *Buen trabajo, Dios, ¡mensaje recibido!* Casi puedo entender el fervor religioso de la gente en estos lados.

Casi.

Chequeo la hora en el teléfono y golpeteo impaciente los dedos sobre el volante del coche. Mi cálculo de doce minutos ha fallado. Maldito Walmart. Uno de sus enormes trailers interrumpe el tráfico normalmente parsimonioso de la "Main Street". La calle principal de Morristown me lleva a un *downtown* de otros tiempos. Incluye una hilera de diminutos edificios de ladrillo visto, tiendas de antigüedades y otros comercios pequeños. La vitrina de una boutique exhibe una fiesta surrealista de maniquíes decapitados —sus trajes parecen escapados de los ochenta.

Mi destino aparece luego de pasar los rieles del tren. Hago una derecha y me encuentro en un sitio con facha de bodega. Un *look* muy industrial en pleno *Bible-Belt*. La mujer de la agencia de intérpretes me ha llamado ya tres veces para recordarme que debo llegar quince minutos antes de la cita. Su español-de-España me queda zumbando en el oído. Me doy un vistazo en el espejo retrovisor y me apuro en salir del coche. Atrás quedan mi libro y una botella de agua.

Una joven pelirroja me mira desde la recepción. Los rizos que bailan alrededor de su rostro tienen una mejor disposición que ella a la hora de saludarme. Anuncio que soy la intérprete del paciente Iván Jiménez y me lanza una cara de pregunta o de estreñimiento. No estoy segura. Recito más detalles de la agencia —casi que me salen las Zetas y las Jotas de la española— pero la mirada de la joven ya está fija en la pantalla de su teléfono. Apenas asiente y señala con el dedo el área de espera.

Hojeo algunas de las revistas apiladas en la mesa, las alternativas usuales de las salas de espera en esta región: *Familia mega cristiana*, *Machos cazadores* y la clásica *Pesca sagrada*. Bueno, no exactamente, pero por ahí van. Echo de menos el libro olvidado en el coche y no me queda otra que pasar el tiempo con mi teléfono. A los veinte minutos aparece el paciente.

¿Cómo sé que es él?

Los dos somos los únicos en esta sala con un tono de piel que no cumpliría con las expectativas de reparto para la próxima película de vampiros.

Pasamos a un espacio amplio que parece un gimnasio de la tercera edad, no solo por los aparatos anticuados en cada esquina, sino también por sus ocupantes. Varios parlantes cuelgan de la pared como cabezas de ciervo. Laten con una música que para el oído inexperto podría sonar como un rock suave. De esas canciones simples y agradables que se puede tener como música de ambiente en la oficina. Excepto, que las letras de estas canciones no son de temas precisamente *light* o de fiesta. Más bien tienen que ver con un Padre, un Hijo y la humanidad entera.

Meneo la cabeza al ritmo de la melodía y me dan unas ganas inmensas de bailar.

DÍA 3

—¿Por qué este señor odia tanto a los hispanos?

Desde su asiento en el área de espera, el paciente Iván Jiménez señala la pantalla brillante de su iPhone.

Una intérprete competente
debe mantenerse dentro de los límites de su rol profesional

Sonrío cortésmente y de inmediato regreso la mirada al confort de las páginas de mi libro. Lejos de imaginar que esta aparente seguridad está a punto de desmigajarse igual que las galletas que se están zampando las chicas de la recepción. La ropa de enfermera se tensa alrededor de sus cuerpos amenazando con estallar en cualquier momento.

DÍA 5

Luego de terminar la terapia de ejercicios, una almohadilla térmica brinda al paciente Iván Jiménez algo de alivio. Pero no es suficiente. La frustración se va apoderando de su rostro como una maleza que brota desde el dolor. Me obligo a recordar pasajes enteros del manual de intérpretes como un mantra. Mis ojos clavados en el libro.

—¿Está leyendo en inglés? —pregunta el paciente. Se nota una urgencia en su voz como si la maleza apretara y apretara su garganta.

Una intérprete competente
no comparte información personal con el paciente

Apenas muevo la cabeza para confirmar rápidamente que sí. Miro a mi alrededor como si la española de la agencia pudiera verme. Regreso a mi libro: mi bote salvavidas.

—Usted estudió aquí, ¿cierto?

Los ojos del paciente Iván Jiménez exigen respuestas. ¿Por qué esa repartición aleatoria de suerte? ¿Por qué esa diferencia en las porciones del *American Dream*?

La maleza implacable aprieta y aprieta. Me disculpo. Casi pego un salto al dispensador de agua y ya no me muevo de allí. Mientras espero a que vuelva el fisioterapeuta a revisar cómo va su paciente no logro escapar de la maleza. Me araña con una sensación de culpa que no me dejará tranquila por mucho tiempo.

Respiro.

Exhalo.

Intento dejarme llevar por la canción que me llega desde todos los rincones. Mi nuevo mantra. *Oh, how He loves us. Oh, how He loves us. Oh, how He loves.*

DÍA 7

Ya no vuelvo a traer un libro a las citas.

Mientras espero a que nos llamen, miro atenta a la pantalla del teléfono e intento encontrarla tan seductora como sé que lo es para la joven recepcionista, sus ojos verdes cautivados por una ráfaga de *likes* y *selfies*.

—El tratamiento no está dando resultados, el dolor no ha disminuido—. Hago mi mejor esfuerzo por interpretar estas palabras con un rostro neutral. Por dentro, puedo adivinar lo que se viene.

Al terapeuta le toma unos segundos recordar que no es a mí a quien debe hablar y por fin dirige su mirada a la persona indicada —la sonrisa fingida no consigue enmascarar su fastidio—y procede a leer en voz alta las anotaciones de las citas anteriores como evidencia de que hasta aquel momento los comentarios del paciente Iván Jiménez habían indicado una mejora consistente.

No soy una mediadora, ese no es mi rol. Pero siento que las dos partes esperan que sea exactamente eso en este momento.

El paciente Iván Jiménez acaba disculpándose. Admite su frustración: solo quiere que el dolor acabe, que lo deje en paz. Entonces comunico que el paciente desea seguir con el tratamiento. El intento de sonrisa del terapeuta es más fructífero esta vez y se aleja un momento para agendar las sesiones restantes.

Bajo la guardia tan solo un instante, el suficiente para que, sin darme cuenta, el paciente Iván Jiménez se acerque y me hable muy bajito. Me dice que han detenido a uno de sus amigos, que lo van a deportar en unos días.

Me dice que tiene miedo.

Una intérprete competente debe notificar a las partes que todo lo que digan será interpretado.

Miro a Iván Jiménez. Mis ojos, del mismo color que los suyos, intentan decir todo lo que no puedo con mi voz.

El terapeuta regresa, apunto en mi cuaderno las fechas para las próximas citas y se me olvida interpretar lo que el paciente acaba de decir. Pienso que este es uno de esos días en que la verdad no tengo muchas ganas de ser competente. 🔲

Colores de noviembre

EL CIELO Y LOS LAGOS AMANECEN con sus tonos azules más osados. A lo mejor les apetece complicar un poco el día y han decidido contrastar con las preferencias rojas de esta región de montañas humeantes. Entre las calabazas rollizas y espantapájaros sonrientes, asoma un sinfín de carteles con el nombre del candidato presidencial republicano. Los árboles prefieren no opinar y sus hojas apenas muestran algo de color, confundidas por las altas temperaturas de este otoño. Una postal *country* que entretiene y alivia el camino de una hora hasta la universidad donde enseño español.

Dentro del campus, los letreros en rojo, azul y blanco instan a los estudiantes a que ejerzan su derecho al voto. Las ardillas los rodean curiosas, desdeñándolos enseguida al no encontrar comida. Para ellas es un día como cualquier otro. Me fijo en el puente peatonal cristalino que atraviesa una de las calles principales de la ciudad. Varios jóvenes marchan hacia el lugar de votación que les corresponde como residentes de la universidad. Deben ir en grupos: medida de seguridad luego de que las encuestas en la universidad revelaran un favoritismo por la candidata demócrata.

Converso con algunos de los chicos luego de terminar nuestra clase de español intermedio. Todos ellos, veinteañeros y caucásicos, se muestran optimistas acerca de su generación. Me comentan que, aun cuando mantienen los valores religiosos y conservadores de la cultura en la que crecieron, están abiertos a perspectivas distintas y dispuestos a entender los argumentos del otro lado. Para ellos, eso ya es un cambio importante con respecto a la manera de pensar de sus padres. Confían también en la democracia de su gobierno y en los controles establecidos entre los distintos poderes del estado. Después de todo, me dicen, su país ya ha sobrevivido algunos desastres presidenciales. No creen que esta vez vaya a ser diferente.

Mi siguiente parada es el Centro de Recursos de Lenguas y Cultura. Relegado al sótano de uno de los edificios más antiguos del campus, el LCRC, como es más conocido, brinda servicios a la comunidad inmigrante hispana de la región. Tomo un café con la directora del centro, una argentina que ha vivido en este rincón de los Montes Apalaches de Tennessee hace más de dos décadas. Me comenta que es la primera vez que puede votar en Estados Unidos y una enorme sonrisa revela su satisfacción. Más allá del deber cívico, piensa que ahora más que nunca es necesario apoyar a través del voto la diversidad y la tolerancia en este país. Palabras simples. Asuntos complicados.

Un manto de humo se extiende amenazante y arruina el paisaje que me acompaña durante mi camino de regreso a casa. Ya no puedo ver las montañas. El ambiente queda totalmente invadido por el eco incesante de los camiones de bomberos que intentan calmar los incendios forestales que azotan la región.

Una masa gris va expandiendo sus tentáculos y me golpea la certeza de que pase lo que pase, nadie va a quedar contento.

Por la noche, desde algún lugar de Kentucky, sigo los resultados de las elecciones en casa de mis suegros. De pensamiento liberal, no son precisamente la familia típica de estos lados. La madre mira con incredulidad hacia el televisor y el padre se refugia en las cuerdas de una guitarra eléctrica. El abuelo, un veterano de la marina de noventa años, aprieta los ojos y arruga la nariz para finalmente encogerse de hombros. Él ya cumplió con su país y pudo alcanzar el sueño americano. La nueva generación tiene la posta.

Country roads

Con las patitas apoyadas contra el vidrio, Rosco va atento a los árboles y a las ardillas que percibe entre las ramas. Se emociona con el mapache que asoma por encima del monte y sus ladridos dejan claro que quisiera estar allá afuera, correteando tras todo lo que ve moverse. Enseguida se tranquiliza y se da cuenta de que no está nada mal ir sentado sobre las piernas de su amo. Recuerda lo mucho que le gusta apachurrar el hocico contra la ventanilla del aire acondicionado y disfruta el momento.

Wesley simula un intento por empujar a Rosco al asiento de atrás, pero la verdad es que prefiere tenerlo cerca. Lo mima y pasa los dedos por el pelaje desordenado mientras conduce su auto. Adora a aquel perro de raza indeterminada, su compañero de aventuras en los *road trips* y en los días de pesca en el bote.

Es la tarde de un domingo y van camino a casa de los abuelos. A pesar de que deben cruzar la frontera entre dos estados, el recorrido es de tan solo de una hora. Toda la familia de Wesley vive en aquel lugar: una ciudad minúscula en el sureste de Kentucky asentada en un hueco idílico de los Apalaches. El paisaje que los acompaña se despliega en un entretejido de montañas enanas, bosques, y lagos artificiales. Con su espectacular veteado en tonos fríos, las montañas arrasan con el protagonismo del paisaje. Una neblina celeste, casi transparente, las cubre como una gasa —tal vez con el deseo de sanar las heridas violentas que el fracking ha dejado a su paso.

Apretujado entre la carretera y las montañas, antes de atravesar el túnel, emerge un manantial. No es raro encontrar a un par de personas, botellones en mano, junto a la caída de agua fresca. Por el carril izquierdo, las manadas de camionetas pasan veloces. Enormes. Todo en ellas es demasiado grande. Las llantas, los parachoques. Hasta los perros que van dentro. Wesley usa el término de *gigantors* para referirse tanto a los vehículos como a sus dueños.

Aparte de su tamaño, aquellos *bullies* de acero comparten otras características. Portan con orgullo calcomanías de los respectivos equipos de fútbol, algunas de la Universidad de Tennessee, otras de la Universidad de Kentucky y exhiben también emblemas de venados y los logos de las tiendas *Bass-Pro-Shops* y *Cabela's*. Se divisan además pegatinas que favorecen al partido republicano. De vez en cuando una bandera confederada asoma entre la parafernalia. Pero en el medio de los *stick families* y todo lo demás, las calcomanías que casi nunca faltan son las religiosas, esas que contienen salmos e imágenes cristianas. Como mínimo, el famoso pez.

Wesley tiene un juego para pasar el tiempo durante el camino: leer al vuelo y comentar lo que dicen los letreros de las iglesias bautistas. Siempre regalan una sorpresa, como la caja de chocolates de la mamá de Forrest Gump. Algunas más amargas que otras. Desde las frases tradicionales al estilo "Jesús es tu salvador" hasta las más simpáticas como "Dios envió el primer mensaje de texto, la Biblia". Las exuberantes faltas ortográficas: parte del encanto.

Wesley prefiere que lo llamen Wes. Hubiese querido llamarse Larry como su padre o Paul como su abuelo, pero su madre no lo quiso así. A veces piensa que ese nombre estaba cargado de expectativas —no sabe si las cumplió o no. En todo caso, a su madre le gusta recalcar que la vida le dio un hijo algo extraño. Así se lo ha dicho a él mismo y no tiene problema en comentar que desde el primer momento supo que Dios le envió un hijo especial.

Con excepción de la pesca, Wes siempre se ha sentido ajeno al lugar donde creció. No comparte ninguna de las otras aficiones y creencias de sus habitantes. Tampoco sus preferencias gastronómicas. Cuando le preguntan por qué no se muda a un sitio más "liberal", explica que por causa de los lagos: aquella región es una de las más privilegiadas para la pesca como deporte. Le gusta también permanecer cerca de su familia. Aunque ese es un detalle que no admite fácilmente.

Ya se puede ver la casa de los abuelos. Allá, detrás de la colina, muy cerca de los rieles. Rosco se percata en el perro *gigantor* que lo tantea desde una de las camionetas y enseguida se pone a temblar protestando con un gruñido y una torcida fila de dientes. Wes lo abraza, le da unas palmaditas en el lomo, y antes de pisar el acelerador, ruega tenerle paciencia.

Recuerda, me dice, que Rosco es un perro muy especial. 卅

Los dos lados
del parque

ROSCO, UN *MUTT* RESCATADO, TROTA FELIZ haciendo crujir las hojas secas que se acumulan sobre el césped. El Fred Miller Park es uno de sus lugares favoritos en la pequeña ciudad de Morristown, Tennessee y solo interrumpe su paso ligero cuando se topa con un par de mesas largas de madera.

En la mesa de la izquierda sobresalen dos cajas con manchas de grasa y con el logo rojo, blanco y azul de una marca de pizza. Botellas robustas de un líquido azucarado y oscuro complementan el festín.

En la mesa de la derecha, los recipientes rebosan en cambio con tortillas doradas y salsas espesas que brillan bajo el sol. Un olor exquisito flota desde el grill. Un teléfono resuena alegre con el eco de trompetas y guitarras.

Las dos familias, cada una en su esquina dentro de un mismo parche de césped, disfrutan de un ambiente que no discrimina y es generoso: sauces y abedules que se inclinan con la brisa como si estuvieran orando, columpios que hacen coro a los chillidos eléctricos de los niños.

Tan cerca estas dos familias que podrían extender sus brazos y tocarse. Hablarse.

Pero han sido años de esquivar la mirada. Años de fingir que los del otro lado no existen.

Rosco, que no sabe de fronteras ni diferencias, se aventura en el medio de las dos mesas con la esperanza de algún snack furtivo — un trocito de pizza o tortilla, le da igual.

Desde los dos lados siguen atentos la búsqueda frenética y transgresora.

Allí, entre esas familias limítrofes de un parque que se divide en dos.

En el corazón de una ciudad que se parte en dos. ▄

Remembranzas
de años viejos

MI ESPOSO, A QUIEN LLAMAREMOS A, tuvo la casita de árbol y las aventuras en bicicleta con sus amigos, esas que los latinoamericanos que crecimos en los ochenta soñamos mientras devorábamos *E.T.*, *Goonies* y cerros de palomitas.

Y es que, por si fuera poco, la infancia de A incluyó escenarios fantásticos de bosques y montañas. Lagos y cielos perfectamente azules... Todo lo que no fue parte del escenario de mi niñez urbana.

Es aquí, en este rincón idílico donde creció A, un pueblo anidado en los Apalaches sureños, donde voy a recibir al Año Nuevo. Llegará en total quietud, sin fuegos artificiales ni quema de años viejos.

Sin el estruendo típico de la porteña Guayaquil.

Sin el gentío abrumador de las playas de Salinas.

Cómo extraño el fuego y las explosiones cada fin de año que paso lejos de mi país. Ese caos sobre el que mis estudiantes de español, entre broma y elocuencia, me dicen: "eso solo pasa aquí cuando hay un *riot*, señora A".

No puedo contradecirlos.

Desde la pantalla que les muestro, los estallidos de las camaretas retumban y casi podemos sentir el calor de las llamaradas imponentes que bailan sobre la arena.

Como si esa misma noche, a orillas de un rincón tibio del Pacífico, el mundo fuera a acabarse.

Me pregunto si aquel mismo pensamiento rozó la mente de A la última noche del 2015 mientras esperábamos la entrada del nuevo año desde un séptimo piso frente al mar. Callado en su trocito de balcón, casi sin atreverse a respirar, A observaba la danza pirotécnica que salpicaba el cielo negro.

Miles de chispas que dibujaban pétalos y cascadas ardientes.

Todo aquel estruendo un contraste con la quietud del agua.

Cerca de la medianoche, cuando comenzaron a arrastrar a los años viejos hasta una de las pilas gigantescas de papel maché que se iban acumulando al pie del mar, A me preguntó al oído, *¿Hace falta que quemen a todos?*

Acaricié su espalda. Cuando era pequeña, tampoco me hacía mucha gracia que quemaran a los viejos.

Y allí en su duelo por los monigotes —allí en su trocito de balcón— permaneció A mientras las botellas disparaban champaña a su alrededor y las uvas escuchaban pacientes largas listas de deseos y de arrepentimientos disfrazados de intenciones.

Este diciembre, va a ser A quien me tendrá que consolar por la falta de alboroto durante Fin de Año.

Con un poco de suerte, el eco de las montañas Apalaches me traerá algo de la Nochevieja costeña. El *pum* de una camareta, los *¡feliz año!* de familiares y amigos, o quizás, el canto nostálgico de algún año viejo, uno que espera tranquilo a que las llamas lo abracen para cumplir así con su destino fugaz —brindarnos la oportunidad de un nuevo inicio, recordarnos aquello que todavía puede ser.

Un año viejo a cambio de doce meses para reinventarnos. ⊞

Ruminations de
mi *college life*

¡HE ATERRIZADO EN EL MEDIO DE LA NADA! Es lo primero que se me ocurre dentro de la furgoneta que me lleva desde una miniatura de aeropuerto hasta la universidad donde pasaré los próximos dos años.

Lo segundo, que ahora soy un personaje más de una película que se desarrolla en un ambiente *country*. De esas donde el pueblo apenas tiene un par de gasolineras y tiendas.

De esas donde la gente se conoce de toda la vida.

Con el paso de las semanas iré descubriendo una región que se extiende a lo largo de una colcha de retazos verdes y azules. Un zigzag de montañas, lagos, bosques, parques nacionales, iglesias, granjas y campos.

El patrón del tejido se repite silencioso, constante.

Es necesario, cada tanto, consultar el GPS para no perderse entre las costuras.

Durante mi primera semana en la clase de psicología, un profesor de cabeza plateada y un parecido impresionante con Stephen King, me pide que lo acompañe a su oficina. Ni bien me acomodo en el sillón, descubro que soy su primera estudiante sudamericana.

En aquel cubículo-oficina de un recóndito campus sureño, me convierto en un objeto de estudio antropológico.

El *doc* se asegura de involucrar a sus pupilos internacionales en la clase. Ya sea cuando leemos sobre rituales de duelo o bien cuando aprendemos acerca de dinámicas familiares, un *¿cómo son las cosas en tu país?* no puede faltar.

Por lo general, la estudiante china es la primera en ser sometida al interrogatorio. Luego me toca a mí, y rematamos con anécdotas de familias disfuncionales en la India.

Me apena la desilusión en la mirada del *doppelgänger* de King cuando le digo que "allá", en aquel lugar de su imaginación, las interacciones personales no son muy diferentes a las de "acá". Sus ojos claros y pequeñitos, prisioneros de unos marcos rectangulares, brillan con expectativas.

No puedo defraudarlo así que me invento las historias pintorescas y macondistas que sé que desea escuchar.

Tomo una clase sobre la memoria y su relación con la cultura. Entre recuentos de sobrevivientes del Holocausto y memorias de esclavos, leemos la autobiografía de Rigoberta Menchú.

Me cuesta entender por qué no había leído ese libro antes y por qué, cuando por fin lo hago, tiene que ser en un salón de clases norteamericano.

La profesora asigna capítulos a cada estudiante para su análisis en presentaciones individuales. Mi sección contiene relatos emotivos acerca de las tradiciones del pueblo Quiché. Aprendo que cuando nace un nuevo miembro en aquella comunidad, le entregan una pequeña bolsa con ajo, lima, sal y tabaco para su protección.

También, que cuando los niños y niñas quichés cumplen diez años, los adultos comparten con ellos la historia de su pueblo asegurando de esta manera su legado cultural a las siguientes generaciones.

Luego de presentar el texto académicamente, diseccionándolo con las teorías que hemos estudiado, ofrezco a la clase una reflexión personal. Leer sobre la cultura de los quichés me ha enfrentado a la triste realidad de que no sé nada sobre las tradiciones indígenas de mi propio país. Si acaso conozco un par de palabras quechuas es porque han sido incorporadas en el lenguaje coloquial de los ecuatorianos —no recuerdo si he conversado alguna vez con una persona indígena fuera del contexto de un mercado artesanal.

No sé si es más triste que vergonzoso. Solo sé que duele.

Hacia el final de mi segundo semestre en la universidad, mi primer año viviendo en Tennessee, me desinflo exhausta en una banca. Envuelta en un chal de alpaca, observo a los seres deshojados que habitan el campus.

A pesar de que sus vestiduras se quiebran y mueren a sus pies, los árboles esperan inmutables, altivos, con la certeza de que el paso del tiempo los volverá a armar.

Aquella determinación me recuerda que a mí también me hizo falta descolocarme —aquí en este extraño trozo de mundo— para volver a encontrarme.

Mis hojas no están completas, pero voy por buen camino.

La primavera no tarda en llegar. 囝

Un día normal
en Narnia

UN DÍA NORMAL. DE ESOS en que te levantas tarde, enojada por tu falta de mesura con la maratón seductora de Netflix. De esos en que descubres con horror que se acabó el café justo cuando una alarma chilla desde el teléfono recordándote la cita para reemplazar la llanta de emergencia con la que tu coche ha estado cojeando desde hace una semana.

En el apuro de este día normal, te golpeas el codo, luego la rodilla y entonces descubres que tus insultos también son bilingües. Diez minutos más tarde, camino a la tienda de llantas, podrías jurar que el clima se burla de ti. Sabe demasiado bien que tu cuerpo acostumbrado al calor guayaquileño está más que harto de este frío con sabor a Narnia.

Piensas en Lucy, aquella niña inquieta que entra en un armario y acaba en otro mundo. Un mundo extraño y remoto. Congelado en un invierno terrible por mandato de la Bruja Blanca.

El hombre Michelín te recibe a la entrada recordándote que ya es tiempo de bajar las libras de más que dejaron las fiestas.

Fabuloso.

Aunque has llegado temprano, igual te toca esperar. No hay problema. Vienes armada con un súper libro —uno de tus auto regalos navideños. Sus páginas te ofrecen las clases de literatura que dictó Cortázar en Berkeley allá por los ochenta: tu década favorita, por cierto.

Te acomodas en una salita donde las sillas están dispuestas en círculo alrededor del Dios-TV. Detestas el ruido del aparato, pero haces tu mejor intento por sumergirte en las charlas magistrales sobre el cuento fantástico.

Entonces imaginas que logras vencer el tiempo y la distancia y que estás ahí en primera fila en el salón de clase, la más *groupie* de las *groupies* de Julito. Levantas la mano para preguntarle sobre la nacionalidad de los cronopios.

Él te mira.

Y es en ese mismo instante, como en un cuento mal escrito, que algo te arranca de la ilusión de las páginas.

Primero lo sientes como unos pitidos agudos que acuchillan tu cerebro —seguro que por no haber dormido bien— pero enseguida te das cuenta de que es la voz de la reportera de *Fox News*. Como si le molestara lo que estás leyendo, se entromete en tus pensamientos.

Entonces las escuchas.

Las palabras estelares de la charla dictada por la televisión.

Immigration

Undocumented

DACA

Latinos

Esta ráfaga de palabras despeja la nube causada por la falta de café y vuelves de sopetón al mundo "real".

Miras a tu alrededor. Las otras sillas están ocupadas por seres aún más blancos que el hombre Michelín.

Tú en el centro del círculo con tu piel no tan blanca.

Tú en el centro con tu libro en español.

Y es que olvidaste que los habitantes de esta Narnia sureña son estatuas de hielo maldecidas por el hechizo de la Bruja Blanca. Esa, a quien no le hacen mucha gracia los animales tropicales y coloridos.

Olvidaste también que en esta Narnia de colinas y lagos de ensueño —un paisaje que podrías encontrar en el más hermoso de los cuentos— no está bien visto hablar español. ▨

El color de mi escritura

Mi América

Cuando empecé a explorar el género de la noficción creativa, una de mis lecturas más importantes fue un ensayo personal de la escritora puertorriqueña Jaquira Díaz. En este texto sobre la experiencia de la autora en un evento literario, impresiona leer lo siguiente: "En mi América, una mujer blanca me dice durante una conferencia de escritores que parezco una pandillera. Al día siguiente, otra mujer blanca me pregunta si estoy haciendo señales de pandilla".

Entretejido con cruda y deliciosa honestidad, el ensayo de Díaz me transportó a mayo de 2017. En esa época, aunque me intimidaban un poco, sentía curiosidad acerca de los retiros de escritura. En Estados Unidos existen muchísimos, pero casi siempre en lugares que me quedan demasiado lejos de Tennessee con todos los gastos que eso conlleva. Por eso, cuando me enteré de que la conocida revista literaria *The Sun* estaba organizando uno de estos eventos en Carolina del Norte y que solo implicaba un viaje de tres horas en coche desde mi casa, no me lo pensé mucho.

Un formulario y un pago de doscientos y pico de dólares más tarde ya estaba inscrita y lista para el evento.

El retiro

"Thomas Dixon quería que este espacio artístico fuera solo para personas blancas", nos dice la representante de 'Wildacres Retreat' mientras nos cuenta la historia del lugar. Es viernes por la tarde y estoy dentro de un auditorio grande y frío. Rodeada de por lo menos unas cien personas, casi toda gente bastante mayor, el ambiente aquí dentro se siente pesado. Quizás solo estoy cansada del viaje o a lo mejor es la altura: el centro de conferencias está en la cima de una montaña.

"Menos mal que llegó la Gran Depresión y destruyó su proyecto racista, ¿cierto?", continúa la mujer. Todas las cabezas del auditorio asienten, como si estuvieran pensando, "Claro, qué terrible hubiera sido eso".

Me fijo en los tonos de piel casi transparentes que me rodean e imagino a Dixon saltando en una pata de contento, celebrando que todo salió tal como él quería.

En realidad, ya me había percatado de esta realidad veinte minutos antes cuando entré al comedor y me encontré con gente similar a la que acababa de dejar atrás en mi rincón rural de Tennessee. Había pensado que me estaba tomando un descanso de aquello y que me iba a encontrar con un grupo diverso de personas.

Tan cerca de Asheville (ciudad conocida por su ambiente hippy y cultural), rodeada tanto de escritores y lectores de una aclamada revista literaria, había asumido que accedería a otro tipo de experiencia.

¿Soy una "DREAMer"?

El segundo día del retiro de escritura acaba en un atardecer dorado. Todos estamos en la terraza para la infaltable hora social. Me acomodo en una de las mecedoras y me diluyo en el paisaje: un bosque encantado, montañas azules que asoman entre las copas seductoras de los árboles, hojas que cantan como en susurros. La silla se mece y se mece y el estrés de estar rodeada de extraños va apagándose junto al sol.

La brisa de la montaña calma. El vino tinto en el vaso de plástico reconforta. Me encuentro totalmente inmersa en un instante de pura felicidad, mi alma a punto de ser una con aquel cielo azulísimo.

De repente... ¡crac!

Como una nube gris materializada de la nada, algo malévolo invade este espacio sagrado. Sin presentaciones y sin cortesías, me encuentro con una mujer frente a mí. Su cuerpo obstruye el paisaje de ensueño. Su rudeza acaba con el instante de dicha. Su pregunta silencia las hojas.

"Tú eres la DREAMer, ¿cierto?".

El derecho a la privacidad no es para todos

Media hora antes, en el mismo auditorio en que se había juzgado el sueño de Tom Dixon, el editor en jefe de la revista había ofrecido una sesión breve de Q & A para cerrar el primer día de los talleres de escritura. Una de las asistentes pensó que no habría problema en preguntar acerca de los temas que el editor había discutido en reuniones "privadas" con algunos de los participantes.

Yo estaba muy confiada en que esa era una pregunta que se quedaría sin respuesta. Seguro que el editor de una revista tan prestigiosa como *The Sun* iba a recordar a esta señora el significado de la palabra "privada".

Pero no fue así.

Sin revelar los nombres, el editor procedió a compartir la naturaleza de algunas de esas conversaciones y entre otras, contó que una persona que había recibido una beca para asistir al evento —una joven que era una DREAMer— le había preguntado si le parecía buena idea mantener un blog acerca de la situación de sus padres indocumentados.

En ese momento sentí un punzón, como si un bicho impertinente hubiera decidido estropear mi día de aventura en las montañas.

Tal como lo había soñado Dixon, en aquel frío auditorio solo había tres personas de color.

Estupendo, me dije a mí misma, seguro piensan que soy yo. Pero espanté aquel pensamiento —no debía ser tan paranoica, necesitaba relajarme un poco— y me alisté para pasar una agradable tarde en las alturas.

¿Soy una escritora "de color"?

Por algún tiempo, mucho antes del retiro de escritura, ya había estado cuestionándome si me podía identificar o no como una escritora de color aquí en Estados Unidos. Nací y crecí en Sudamérica, un lugar donde no tuve que lidiar—al menos no de manera tan explícita—con una discriminación relacionada al color de mi piel.

Por supuesto que existe el racismo en mi país de origen, al igual que en todos lados, pero ha vivido camuflado bajo la etiqueta de clasismo y mientras yo viví ahí, no recuerdo que se hablara ni se escribiera sobre el tema. Sin embargo, desde acá, al leer y entender mejor a los autores que se identifican como 'writers of color', me asaltó la incertidumbre de si realmente correspondía reclamar mi lugar en aquel mundo. Mis padres no tuvieron que emigrar a EE. UU. y cuando yo lo hice, no fue por razones económicas ni porque mi país estuviera en una guerra civil o de drogas.

Si mi historia de inmigración no era similar a la de ellos, si no compartía sus antecedentes y dificultades, ¿tenía realmente derecho a identificarme como una escritora de color?

El único poema que he escrito en espanglish aparece en una antología que se publicó en San Francisco como un homenaje a la obra de la académica y activista chicana Gloria Anzaldúa. Cuando me topé con la convocatoria en Facebook, no había leído y ni siquiera sabía quién era Anzaldúa. Pero una cita que acompañaba la información remeció algo.

To survive the Borderlands, you must live sin Fronteras, be a crossroads.

En ese momento no tenía el vocabulario para entender por qué esta cita me había afectado tanto. Me faltaba aprender muchísimas cosas acerca de la literatura y la cultura latinx. Lo que sí podía intuir era que yo estaba trasgrediendo fronteras en la vida rural de Tennessee, que estaba habitando un nuevo espacio —mi propio *Borderlands*—y que eso me había transformado. ¿Podría entonces traducir esta vivencia a un poema?

La siguiente es una muestra de aquella primera reflexión lírica acerca de mi transgresión fronteriza:

> Floating around and between these two worlds
> a wild transgressor
> a hummingbird feeding from both sides
>
> My colored wings flap here and there
> crossing invisible lines
>
> ¿De dónde eres? ¿Qué eres?
> are you Mexican, are you Asian?
>
> The good Christian folks squint
> she is not completely dark
> still a shade we can't classify

La gente from the other side wonder as well
her eyes and her hair look like ours
but something is not quite right

My ambiguity exonerates me
I get to play on both sides
yet I cannot belong to either

I zigzag through plantains and squashes
bluegrass and boleros
Selena y Carrie

I wish to melt in both worlds but alas
I drift aimlessly

Niebla perdida
en este juego de la bola que rebota
de un lado para el otro

Start over
try again

Mi poema fue aceptado para la antología en un momento en el que apenas empezaba a escribir en inglés. Los editores me enviaron uno de los mensajes más alentadores que he recibido y, sin embargo, encontrarme en aquel índice junto a varios 'writers of color' no silenció del todo aquella vocecita que decía y me sigue diciendo: *You Don't Belong Here.*

El color de mi escritura

El ensayo de Jaquira Díaz me enfrentó a una verdad incómoda. Como una inmigrante latinoamericana que vive en la región del sur de Estados Unidos, he enfrentado más prejuicios de lo que me gustaría admitir. No solamente por mi apariencia, pero también por mi acento marcado cuando hablo en inglés.

Sin embargo, por más desagradables que hayan sido algunas situaciones, forman parte de mi vida y de mi historia en Tennessee.

Son parte de quien soy como escritora. Como mujer. Como persona.

Luego de mucha introspección, así como de varias lecturas de ensayos personales escritos por autores de color, he comprendido que no necesito verme reflejada por completo en un grupo determinado de autores para identificarme con sus valores y su obra literaria. Así como todas las historias de inmigración son diferentes, así también lo ha sido mi camino como una 'writer of color'.

Con frecuencia me he preguntado si debería evitar los espacios literarios que no son diversos o inclusivos. La respuesta a la que llego cada vez más es un rotundo NO. Es mi deber presentarme a esos espacios. Compartir mi trabajo. Permitir que mis textos compliquen los estereotipos y desestabilicen suposiciones. Contribuir con mi propio color y perspectiva al collage de la literatura latina en USA. 🏠

El maíz de la soledad

CUANDO ERES DE UNA DE LAS CIUDADES más peligrosas de Latinoamérica, tu *safety mode* se activa cada vez que regresas de visita. Como si pudieras repeler el peligro manteniéndote alerta: un estado zen de defensa personal.

De regreso en tu pueblito montañés de Tennessee —aunque una vocecita dentro de ti te recuerda que por ser mujer el peligro siempre acecha— te das permiso para bajar un poco la guardia.

Te relajas.

Te sientes a salvo otra vez.

Entonces el universo te regala un nuevo código postal. La oportunidad de tu vida: un Máster en Escritura Creativa en una famosa universidad asentada en el estado del maíz.

Destino: Iowa City.

Tu *safety mode* se relaja aún más. Una pequeña ciudad del medio oeste norteamericano. La ciudad de la literatura. Una meca para todo el que tenga ambiciones literarias en este país. Un paraíso lleno de escritores.

Nada malo podría ocurrir en un lugar así.

¿Cierto?

Pero apenas llegas a Iowa City te encuentras con un mundo de *slumlords* sobre el que nadie te advirtió. Un lugar en el que las fachadas que parecen casas —porche y flores incluidos— ocultan apartamentos pequeños y tristes, propiedad de corporaciones afincadas en alguna metrópolis muy lejos de los maizales.

Descubres que a esos seres corporativos no les importa ni tu vida ni tu seguridad y que descargan los servicios de mantenimiento en otras empresas que a su vez descargan esos trabajos en hombres que no pertenecen a ninguna plantilla. Así nadie tiene ningún tipo de responsabilidad. Nadie tiene que responder. ¿Garantías sobre aquellos hombres que tienen acceso a tu lugar de vivienda? Absolutamente ninguna.

A pocas semanas de empezar las clases en el programa de tus sueños, pides que reemplacen el *toilet* obsoleto del estudio que los seres corporativos te alquilaron. Ellos envían un acechador a tu puerta —un hombre que te acusa de robar un dinero que según él se le cayó en aquel baño diminuto.

Un acechador que toca varias veces a tu puerta a lo largo del día.

Un acechador que te encuentras al final de la tarde de ese mismo día... dando vueltas en el estacionamiento... esperándote.

Un acechador que te hace sentir atrapada en tu carro y que te hace llamar por primera vez en tu vida a la policía.

Un acechador que destruye tu *safety mode* para siempre.

Pero no, la historia no acaba aquí con este hombre.

Descubres que tu vida tampoco le importa a la policía. El oficial que envían 25 minutos después de que llamas al 911, archiva tu caso bajo uno que a él le parece más importante: el reporte del objeto perdido del acechador. Esperas en vano alguna señal de que el peligro ha pasado, pero todo lo que recibes del oficial es su tarjeta —para que lo llames en caso de que encuentres el dinero del acechador.

No, tampoco acaba acá con este otro hombre.

Refugiada en un hotel, un par de horas después del incidente con el acechador y el oficial de policía, la primera persona a la que contactas es la directora de tu programa. Las horas pasan a cuentagotas mientras esperas que responda al email que le escribes contándole todo por lo que acabas de pasar. Le dices que no sabes qué hacer. Que tienes miedo. Acabas de llegar a este lugar. No conoces a nadie más en Iowa City.

Te imaginas palabras solidarias, compasión, apoyo. Tal vez empatía. Te aferras a esa esperanza —una lucecita en medio de uno de tus días más oscuros.

Pero en lugar de una luz, todo lo que la directora de tu programa te ofrece es una lista de enlaces. *Ella* está en España y no volverá durante el resto del semestre, copia en el email y descarga su responsabilidad sobre la jefa del departamento. También te dice que te apoyes en las compañeras de tu programa. Luego de eso, nunca más te vuelve a contactar.

La jefa del Departamento de Español y Portugués inmediatamente te envía más enlaces y más números. No volverás a saber de *ella* hasta varias semanas después de que te hayas instalado en un nuevo apartamento al otro lado de la ciudad. Su intento tardío por aparentar solidaridad solo conseguirá que la herida duela aún más.

Te reúnes con una de las compañeras de tu programa en un pub. Antes de que le acabes de contar tu historia, *ella* te interrumpe para decirte que esto tiene que tratarse de algo más. Que algún recuerdo de tu pasado es lo que está haciendo que te sientas así.

No te violaron.

No te tocaron.

Lo que te acaba de pasar no-fue-realmente-tan-grave.

Entonces bebe el último sorbo de su IPA, se levanta del bar y te dice adiós.

Todo lo que hacen de allí en adelante las personas que contactas en la universidad es bombardear tu correo electrónico con más enlaces y números de teléfono. Cada vez que pides ayuda a alguien, enlaces. Cuando te dan citas en sus oficinas, más números y más enlaces. Nadie te ofrece una salida de aquel maizal de números y más enlaces y por un tiempo te quedas atrapada en ese laberinto cruel diseñado exclusivamente para cumplir con formalidades y librar a la universidad de cualquier responsabilidad.

Como si esos enlaces pudieran reemplazar las palabras y los actos de solidaridad. Como si esos números pudieran protegerte, ofrecerte lo único que realmente necesitas: un lugar donde sentirte a salvo.

Luego de sobrevivir a toda esa indiferencia y encontrar por tu propia cuenta una especie de salida de aquel laberinto de maíz maldito, te haces una promesa.

Nunca serás indiferente ante una mujer que te diga que tiene miedo.

Reclamarás junto a ella y reclamarás por ella, una y otra vez hasta que se vuelva imposible ignorar sus voces. Hasta el día en que todas las mujeres tiendan la mano a otras mujeres en peligro. Hasta que todas las mujeres aprendan a cuidarse unas a otras. Hasta que ninguna mujer se sienta sola ni en la ciudad del maíz, ni en las ciudades tranquilas, ni en las ciudades peligrosas del mundo.

Atrévete a imaginarlo: nunca-más-ninguna-mujer-sola. 舌

Glosario de una #latinawriter en USA[1]

TORNADO: viento a modo de torbellino.

El cielo en Iowa City desplegaba un color obsceno. Un azul intenso que parecía gritar. Rápidamente fue adquiriendo tonalidades y formas que no había visto ni siquiera en fotos o en películas. Desde el Java House envié un mensaje por WhatsApp a mis hermanas. Era mi primera alerta de tornado y supuse que se trataba de uno de esos eventos que se comunican a la familia por si acaso, aunque no me permití imaginar cuál podía ser ese "si acaso". A mi alrededor, todos continuaron tomando sus lattes y sus tés matcha, la mayoría sumergidos en sus laptops o teléfonos. Unos pocos conversando. A nadie le interesaba la alarma estridente que retumbaba afuera. Como si un tornado fuese un requisito más de los programas académicos. Una anécdota pintoresca de la vida estudiantil en el Medio Oeste norteamericano.

El tornado no llegó. Nunca supe si se desvió o si se esfumó o si existió de verdad algún peligro. Las imágenes retuiteadas de un cielo perturbador fueron la única evidencia de que no me había inventado aquel instante, uno que supuse quedaría relegado en la memoria de las catástrofes que no fueron. Tan solo un susto a unos días

---

1 Este ensayo fue escrito durante junio-septiembre de 2019, cuando todavía me quedaban dos semestres para completar el Máster en Escritura Creativa en Español (MFA in Spanish Creative Writing) de la Universidad de Iowa.

de haber iniciado mi primer semestre en el MFA de Escritura Creativa en español en la Universidad de Iowa. Una tarde de agosto en la que no podía imaginar las turbulencias que acechaban.

PERTENENCIA: satisfacción de una persona al sentirse parte de un grupo.

Mi camino hacia la escritura, ese que fue más allá de escribir en talleres informales o en algún blog, comenzó a tomar forma desde el rincón sureño de Morristown, una ciudad manufacturera de treinta mil habitantes alojada en la esquina noreste del estado de Tennessee. Lugar donde dicen que se crio el mítico Davy Crockett

Acunada en las regiones culturales de *Appalachia* y el *Bible Belt*, Morristown tiene una relación complicada con su población hispana. Depende de ella para el funcionamiento de sus fábricas y para el trabajo pesado de sus campos agrícolas Un lugar que tiene casi tantos restaurantes mexicanos como iglesias bautistas y donde, sin embargo, al caminar por cualquiera de sus parques se observa una ciudad partida en dos. Como si una ley separase a la población en dos grupos según el color de la piel y prohibiese cualquier tipo de interacción más allá de lo mundano. Me recuerda a la premisa de la novela *The City and the City* del autor británico China Miéville, en la que dos comunidades de distintos idiomas, etnias y tradiciones se ven obligadas a coexistir en un mismo espacio geográfico pretendiendo que 'los otros' no existen.

Desde aquel lugar absurdo y fantástico —juro que se podría dar un mano a mano con Macondo— en un porche que me ofrecía un poema *country* de bosques y montañas enanas, ardillas corriendo por las líneas eléctricas y atardeceres de ensueño, comenzaron a salir en borbotones tramas y personajes que el ruido de las ciudades grandes había contenidos durante años.

Cuando me encontraba en el proceso de revisión del manuscrito que se convertiría en mi primer libro de cuentos, se me ocurrió que tal vez sería buena idea ir publicando algunas de esas historias en medios literarios afincados en Estados Unidos. Necesitaba lectores y necesitaba validación.

Enseguida me di cuenta de la falta de alternativas para los que escribimos en español desde tierras del Uncle Sam. Descubrí también que gran parte de los escasos medios eran académicos y que casi siempre seleccionaban la obra de autores latinoamericanos "establecidos" —muchos de ellos autores radicados en Latinoamérica. Así inició una de las grandes preguntas que me guiarían de allí en adelante:

¿Dónde estaban las oportunidades para los escritores hispanohablantes que vivimos en USA?

No esperé a que alguien más me lo contara. Me puse a la tarea y fui aprendiendo las particularidades del mundo de la escritura en español dentro de EE. UU. Desde los límites de mi búsqueda encontré que casi todas las convocatorias se dirigían a escritores emergentes de ascendencia mexicana, centroamericana y caribeña. Mi lista de contactos en Facebook iba en aumento con autores y editores pertenecientes a estas comunidades —la lógica de la situación estaba clara: cuestión de números. Pero más allá de eso intuí que existían otros escritores como yo, sudamericanos trasplantados a distintos rincones de USA que reclamaban también un espacio para su creación literaria.

A pesar de que nunca había visto *Field of Dreams*, estaba familiarizada con la frase más conocida de la película: "If you build it, they will come". Desde aquel espíritu surgió la idea de crear una convocatoria para armar una antología con la obra de autores sudamericanos radicados en EE. UU. Era eso o quedarme esperando a que alguien más lo hiciera y la paciencia nunca ha sido una de mis virtudes. Sin saber todavía mucho del mundo editorial en español dentro de este país, decidí lanzar el mensaje de la convocatoria a las aguas inciertas de Facebook y Twitter. Contuve la respiración con cada clic como si estuviese arrojando una luz de bengala a la oscuridad: una estrella lejana que esperaba una respuesta a su señal.

NOFICCIÓN CREATIVA: historia real que se escribe utilizando mecanismos de la ficción.

La construí y aparecieron. Se publicaron dos ediciones de la antología *Del Sur al Norte* y en el otoño de 2018 recibí un premio en los International Latino Book Awards por mi trabajo editorial en esta obra. A lo largo de la convocatoria y mientras compilaba la antología, llegué a conectar con escritores sudamericanos repartidos por varios rincones del país. También con medios que apoyan el trabajo de autores emergentes que escriben en español desde USA. Es el caso de las revistas digitales *Suburbano* y *Nagari*, ambas afincadas en Miami, *ViceVersa* en New York y *El Beisman* en Chicago.

A través de los años he colaborado con cada uno de estos medios, especialmente *ViceVersa*, en la cual publiqué varios textos de noficción dentro de su columna "Crónicas Urbanas".

De la mano de aquellos textos, los cuales he decidido categorizar en español como crónicas personales, me topé con un mundo que ofrecía nuevas posibilidades para mi escritura: la noficción creativa[2] y el ensayo personal [3].

---

2   El escritor estadounidense Steve Almond, describe la noficción creativa como "a radically subjective version of events that objectively took place". *Brevity Magazine*, julio 2019.

3   "A personal narrative in which the author writes about a personal incident or experience that provided significant personal meaning or a lesson learned." Definición provista en un taller de ensayo personal dictado por la autora Vanessa Mártir.

La mayor parte de la narrativa que se ubica en este género está escrita en inglés y por esto mis primeros intentos de escribir ensayos personales se dieron en mi segundo idioma[4]. Escribí aquellos textos como si me enfrentase al agua helada de una piscina.

Cautelosa, despacio.

Hasta que la necesidad de contar mi versión del mundo se volvió más importante que la vergüenza y el miedo. Entonces tomé aire y me sumergí por completo.

MFA: máster en Bellas Artes.

Uno de los trayectos apuntó hacia la tierra mítica de los MFA en Escritura Creativa. Parecía un sueño: un programa académico de formación para escritores. Sin embargo, tan pronto empecé a investigar sobre el tema, el panorama se fue complicando. Para ser considerada entre cientos de aplicantes, era recomendable que contase ya con cierta trayectoria: textos publicados en revistas literarias o en antologías, obras publicadas. Es decir, todo con lo que contaba en español y que todavía me faltaba en inglés. Además, estaba el asunto de la muestra de escritura, requisito que supuestamente tiene el mayor peso en la aplicación a un MFA. Tenía claro que la voz y el estilo de mi narrativa eran más definidos y contundentes en mi lengua materna. Por último, las cartas de recomendación. Los autores y editores quienes estaban dispuestos a apoyarme con este requisito no estaban familiarizados con mi escritura en inglés.

---

4   "The Color of My Writing", *storySouth*, septiembre 2018.

Apenas tres universidades estadounidenses ofrecían un MFA en escritura creativa en español[5]: New York University, University of Iowa y University of Texas-El Paso (el programa de esta última, bilingüe). Todas demasiado lejos de Tennessee. A dos años de haberme casado y de estar viviendo en un lugar que por fin lo sentía como mío, imaginar largas temporadas sin mi esposo, así como tener que regresar a la vida incómoda de estudiante de postgrado, resultaba más que abrumador.

En mi cabeza también daba vueltas una pregunta fundamental: si era necesario ser un escritor más o menos establecido para que te aceptaran en un programa de escritura, ¿cuál era la lógica de cursar un MFA?

Pero a medida que fui acumulando experiencias y publicaciones llegué a la conclusión de que, si mi intención era dedicarme a escribir en este país, eventualmente requeriría un título que convalidara mi experiencia y mi capacidad. En otras palabras, no necesitaba un MFA para ser escritora. Lo necesitaba para acceder a oportunidades y experiencias que me permitirían avanzar en mi carrera. Oportunidades como becas, conferencias y las credenciales apropiadas para dictar mis propios talleres de escritura. Para continuar con mi aporte a la literatura en español en USA a través de antologías y otros proyectos creativos.

De los tres programas MFA en español, mi elegido fue el de la Universidad de Iowa. NYU ni siquiera fue una opción. Primero, por los costos prohibitivos de la ciudad y segundo, porque sabía que el duende de mi escritura no iba a encontrar su voz en aquel alboroto. Imaginé también que ya que muchos escritores idealizan la ciudad de Nueva York —así como los de otros tiempos lo hicieron con París— era posible que resultara el programa más competitivo (meses después, uno de mis contactos de escritura en Chicago me comentó que en

---

5　Al momento de escribir este ensayo, encuentro que, en el otoño de 2018, Hofstra University inició otro MFA en español bajo el título de Masters of Fine Arts in Creative Writing for Writers of Spanish.

realidad el menos competitivo de los tres es el de NYU). El Paso quedó descartado también desde el principio por la distancia con respecto a Tennessee. De por sí iba a ser un sacrificio para mi esposo y para mí el que yo tuviera que trasladarme por un tiempo a Iowa.

No es que hubiese elegido el MFA de Iowa por descarte. Las razones antes mencionadas fueron importantísimas, pero de igual manera la balanza favorecía a Iowa City, ciudad de la literatura de acuerdo con la UNESCO, y sede del legendario Writers' Workshop —uno de los programas de escritura más prestigiosos del mundo. Por el mismo han pasado grandes autores como Flannery O'Connor, Sandra Cisneros, Raymond Carver y Wallace Stegner, por mencionar unos cuantos. Además, varios autores de ascendencia hispana que despuntan en la escritura contemporánea también proceden de este programa —es el caso de Carmen María Machado y Justin Torres.

Iowa City se presentaba entonces, como mi propia versión imaginada del París de los 1920.

Encontré información abundante desde la perspectiva de autores que se graduaron del MFA del Writers' Workshop. Lo bueno y lo malo. Sin embargo, en relación con el programa en español, Google solo me ofrecía el punto de vista de la dirección del programa. Artículos y entrevistas en los que se retrataba el MFA en un contexto de defensa del idioma español dentro de Estados Unidos. En uno de ellos, por ejemplo, leí que la creación del programa se debió a "un reconocimiento a otra realidad lingüística y a la necesidad de potenciar la creación en español" y que, al integrar al MFA iniciativas de servicio a las comunidades hispanas locales, "el escritor no está en una torre de marfil sino en el mundo" [6]. Todo esto sonaba maravilloso, el empujón que hacía falta. Con el siguiente clic, inicié mi aplicación.

---

6   "Iowa enseña a escribir en español", *Diario El País*, enero 2012.

WRITERS OF COLOR: escritores que se identifican como parte de una cultura marginada.

Aprendí que, en el contexto del mercado de la escritura en inglés dentro de EE. UU., los anglosajones son los únicos que tienen el privilegio de identificarse como 'escritores' a secas, —sin descriptores. El resto —los que podemos anclar nuestras raíces en Latinoamérica, África o Asia— necesitamos un adjetivo al lado de la palabra escritor. Un adjetivo que denote la raza, la etnia, la procedencia.

Facebook me mostró además que varios de esos autores adjetivados, que se acogen bajo la etiqueta global de *writers of color*, organizan sus propios eventos y talleres de escritura. Destacan los de VONA (Voices of Our Nation, cofundado por Junot Díaz) y Macondo (proyecto iniciado en la cocina de Sandra Cisneros). Desde un inicio fue complicado reconocerme como parte del colectivo *writers of color*. Aparte de mi ambivalencia respecto a las etiquetas, me di cuenta de que yo no compartía gran parte de los antecedentes ni de las experiencias que enlazan a estos autores. Me preocupaba caer en la 'apropiación cultural' —otro de los términos que aprendí en el camino—al sacar provecho de mi 'color' e infiltrarme en una comunidad a la que no estaba segura de pertenecer.

DESARRAIGO: multitud de sentimientos relacionados al enfrentamiento con una nueva sociedad ante la cual se puede adoptar dos actitudes: la integración o la no-integración.

En una entrevista para *Suburbano*, misma en la que se incluye la opinión de varios autores y editores latinoamericanos radicados en EE. UU., el escritor argentino Fernando Olszanski asegura que más que un auge de la narrativa escrita en español en los últimos años, lo que existe es una necesidad por parte del lector de "historias que lo representen y le hagan explorar su propia experiencia"[7]. Olszanski, al igual que otros autores que escriben y publican desde Chicago, denomina la creación literaria en español dentro de USA 'Literatura del Desarraigo'. Desde Massachussets, la autora y crítica venezolana Naida Saavedra ha acuñado este movimiento literario bajo la etiqueta de 'New Latino Boom', al que define como "el fenómeno, tendencia, explosión de literatura escrita y publicada en español en Estados Unidos durante las dos primeras décadas del siglo veintiuno"[8]. De acuerdo con mis lecturas sobre estas dos etiquetas, entiendo que mientras los autores que se ubican en la Literatura del Desarraigo publican obras que exploran temas de inmigración y adaptación a la nueva cultura por parte de personajes latinoamericanos, el New Latino Boom de Saavedra incluye cualquier tipo de tema, personaje o escenario.

Lo más relevante para mí acerca de estas tendencias literarias fue la revelación de que representaban un colectivo y un contexto al que podía anclar mi escritura. Aunque mi libro de cuentos fue publicado en Ecuador y al inicio de mi escritura me pensé como escritora ecuatoriana y latinoamericana, no tardé en darme cuenta de que los temas sobre los que escribo, al igual que la forma en que los escribo están totalmente ligados a mi vida en Estados Unidos, a la realidad que percibo desde esta tierra. Mi identidad ha ido solidificándose alrededor de un sentido de latinidad —una persona de origen latinoamericano que vive en Estados Unidos— y he dejado de buscarme en las etiquetas de 'escritora ecuatoriana' o 'escritora latinoamericana'.

En mis publicaciones de Twitter e Instagram, utilizo el hashtag de #latinawriter.

---

7   "Literatura en Estados Uñidos", *Suburbano*, noviembre 2016.

8   "El New Latino Boom", *Latin American Literature Today*, octubre 2018.

TALLERES DE ESCRITURA: espacios de creación literaria.

Ya había sido parte de cursos y talleres de escritura antes de llegar a Iowa. Presenciales en Guayaquil y a distancia por medio de centros de escritura mexicanos y españoles. También algunos talleres en inglés de microficción. Tenía más o menos claro que la crítica que había recibido como parte de aquellas experiencias había sido bastante "acolchada" —la prioridad ante todo era la de proteger el ego frágil de autores emergentes.

Por lo tanto, me preparé e incluso celebré el *feedback* más honesto y experto que anticipaba recibir en Iowa.

> *"Only then do you realize*
> *you are among 'the others out in public'*
> *and not among 'friends'"*
> —CLAUDIA RANKINE [9]

El apellido Adams, que me viene por matrimonio, resultó en que mi texto fuese uno de los asignados para la primera sesión de un taller de cuento. El instructor me escribió un par de semanas antes de empezar mi primer semestre en el MFA informándome que el primer día de clases debía repartir copias de un texto.

Esto me sorprendió. Había supuesto que durante las semanas iniciales del programa tendríamos lecturas, discusiones sobre los elementos de un texto narrativo y, lo más importante, instrucciones acerca de la metodología de los talleres.

Pero no fue así.

El Writers' Workshop sí que incluye seminarios en los que se asignan lecturas y se analizan textos, en los que se intenta descifrar técnicas y estilos que los escritores-estudiantes pueden utilizar en sus

---

9 *Citizen: An American Lyric*, Graywolf 2014 (48)

propias obras. No es el caso de mi programa. Lo bueno es que los estudiantes del MFA en español tienen acceso a los seminarios del Writers' Workshop. Lo malo es que, en español, aparte de los talleres, los cursos que se deben tomar incluyen clases de literatura española que en la mayoría de los casos nada o poco tienen que ver con los proyectos creativos de los estudiantes.

La única información que recibí previa a mi sesión de taller— por parte de una estudiante de segundo año, no del profesor— fue que aquel día, mientras el resto de los participantes discutiera mi texto, yo tendría que permanecer en silencio.

Había leído algo sobre esa modalidad de taller, una que se popularizó precisamente en el Writers' Workshop de Iowa. La estudiante distribuye copias de su texto al resto del grupo varios días antes de la sesión del taller y cada miembro debe leer el material, escribir una página de comentarios y marcar el manuscrito con correcciones o sugerencias que van desde una revisión de estilo básica hasta una más profunda que abarca elementos como punto de vista, desarrollo de personajes, diálogos, etc. El día de la sesión, la personas a quien se "tallerea" debe permanecer en silencio mientras el resto de los miembros del taller discuten el texto, compartiendo las opiniones y sugerencias que han preparado con antelación.

Una puede leer mucho acerca del tema e incluso prepararse para un episodio que se augura intenso. Siempre es complicado recibir *feedback*, sobre todo cuando abarca algo tan precioso y delicado como un texto creativo. Sin embargo, ninguna lectura me podría haber preparado para lo que viví aquella primera vez.

Desde mi rincón mudo fui testigo de cómo un enjambre furioso se abalanzaba sobre mi cuento. El papel no pudo contener el veneno. Cuando por fin me concedieron la palabra, apenas alcancé a decir alguna tontería.

Matthew Salesses, un escritor estadounidense de origen asiático comenta que, en el típico taller de escritura creativa, "un grupo de colegas de la escritora discute su trabajo mientras ella permanece en silencio. La 'regla de la mordaza' opera bajo la premisa de que la escritora está a oscuras con respecto a su propio subconsciente"[10]. También explica que uno de los problemas con esta metodología es que el taller, compuesto principalmente por estudiantes y profesores blancos, puede terminar asumiendo y proyectando intenciones, asumiendo un "lector implícito" que seguramente es un hombre blanco.

Me cuesta admitirlo, pero la verdad es que mi primera experiencia en los talleres de Iowa fue traumática. Pienso que la única razón por la cual no abandoné el aula y pude contener las lágrimas, fue porque mi vida anterior en el mundo corporativo me preparó de alguna manera para este tipo de situaciones.

Considero que existen espacios que se deben respetar y resguardar. Por lo tanto, hay cosas que pasaron en ese taller que prefiero no revelar.

Sin embargo, también existe un sentido de responsabilidad. Si aquellos que tenemos acceso a esos espacios privilegiados no compartimos, no criticamos. Entonces, ¿quién lo va a hacer?

Aclaro también que nunca nadie del programa nos comunicó una expectativa de protocolo o etiqueta respecto a los talleres. Considero que lo que comparto no afecta ni el trabajo ni la reputación literaria de mis compañeros y esto es lo que me importa respetar y preservar más que cualquier cosa. Si ese taller tuvo una repercusión negativa en una de las estudiantes fue por la falta de guía y liderazgo. Y de eso culpo a la directora del programa y al instructor del taller. No a mis compañeros.

Solo para dar un ejemplo de lo que aconteció aquel día, comparto uno de los comentarios destructivos del profesor visitante a cargo del

---

10 "'The reader' vs. POC: Time to rethink the creative writing workshop", *Gulf Coast* (mi traducción).

taller. Con una expresión de fastidio —aunque para darle crédito, siempre tenía esa expresión— aquel profesor visitante criticó la verosimilitud de uno de los personajes de mi cuento porque dijo que era "absurdo" que una estudiante de postgrado en una universidad estadounidense no conociera la obra de Junot Díaz.

Irónico que ese haya sido uno de los comentarios que recibí aquel primer día de taller en el contexto de un programa en el que nunca hemos leído ninguna obra escrita por un escritor Latinx de EE. UU. Ni en español. Ni en inglés.

La naturaleza exclusiva del mismo programa en que este profesor se encontraba enseñando en aquel momento, estaba en oposición directa a su comentario.

El zumbido de aquella primera experiencia en un taller académico quedó retumbando en mis oídos durante varias semanas.

No se trata de un evento aislado. He leído varios artículos en inglés donde se evocan vivencias similares en los talleres de programas MFA.

Brandon Taylor, un escritor de raza negra, comenta que:

> La primera vez que presenté una historia en el Taller de Escritores de Iowa (The Iowa Writers' Workshop) fue una experiencia totalmente violenta, cuyas réplicas aún pulsan en mi vida... Sometí una historia al taller sabiendo que este era el tipo de lugar cuyos estudiantes, incluso casi una década más tarde, cargaban consigo las heridas de ver su trabajo despedazado. Por eso, cuando digo que mi primera experiencia en un taller en Iowa fue violenta, no quiero decir que también haya sido sorprendente. Llegué a entender que la violencia era el punto[11].

---

11 "On Alice Munro, Karl-Ove Knausgaard, and the Impulses of the MFA", *Literary Hub*. Mayo 2019 (mi traducción).

Taylor no explica, sin embargo, cómo llegó a la conclusión de que la agresividad era 'el punto' de los talleres en Iowa. Tampoco menciona claramente si aquella experiencia negativa estuvo relacionada a que él era un escritor de color en un programa donde la mayor parte de los estudiantes son blancos[12].

Algo que me ayudó a procesar y superar aquella primera experiencia en un taller de Iowa fue entenderla como una lección. Me enseñó aspectos que debo anticipar, cuidar y evitar cuando tenga la oportunidad de dictar mis propios talleres.

A pesar de que someter mis textos a 'talereo' continúa siendo un proceso intenso, ha dejado de manifestarse como un evento traumático.

Luego de eso, durante mi primer año en el programa MFA hubo solo un episodio más de taller que me afectó más de la cuenta (porque siempre afecta, eso es innegable) y sucedió un poco antes del vórtex polar (otro regalo que me deja la vida en el Medio Oeste. He llegado a pensar que pasar por un mal taller está directamente relacionado a una nada apetecible predicción del tiempo). Acabó por fin la sesión de tres horas (en cada sesión se 'tallerean' los textos de dos participantes... sí, son así de largas) y salí del Philips Hall —edificio donde se desarrollan la mayor parte de las clases y talleres del programa— en una tarde en la que el frío invernal no daba tregua y la oscuridad ya se había instalado en Iowa City.

No quería regresar al apartamento cargando la energía negativa que me había dejado aquel taller y al otro lado de la calle, el letrero luminoso de Joe's Place, una de las tabernas que se estrujan alrededor

---

12 Durante un evento en la librería Prairie Lights de Iowa City, conocí a una 'latina writer', candidata al MFA del Iowa Writers' Workshop. Me comentó que, en aquel momento, inicio del semestre de otoño de 2019, tan solo había tres escritores Latinx en el programa. Ella era la única mujer.

de la universidad, parecía hacerme señas. Acepté la invitación y me di permiso de lamentarme lo que duró una pinta de IPA. Luego de eso me levanté de la barra, me envolví con el abrigo más pesado que he tenido en la vida y dejé que la noche me abrazara.

PRIVILEGIO: Ventaja disponible solo para un grupo particular de personas.

En su artículo "MFA vs. POC"[13] para *The New Yorker*, el escritor Junot Díaz saca a la luz lo que él califica como un excesivo *whiteness* en los programas académicos de escritura. Se refiere, en pocas palabras, a la falta de diversidad del profesorado y del cuerpo estudiantil, al elitismo que favorece una mirada anglosajona y masculina a lo que se lee, a lo que se escribe.

Díaz no ha sido el único en escribir sobre el tema. En mi investigación sobre los MFA, encontré varios artículos en los que otros *writers of color* manifestaban opiniones similares acerca de sus propias experiencias dentro de estos programas. Pero mientras leía con interés aquellas historias, jamás se me ocurrió que aquello era algo que debía preocuparme. Al tratarse de un programa en español, uno en el que los otros participantes serían, al igual que yo, latinoamericanos, estaría a salvo de estas complicaciones, ¿cierto?

En mi inmersión de casi una década dentro del contexto estadounidense, al parecer me había olvidado de que el privilegio no es algo exclusivo de los anglos.

---

13 People of Color. El término 'personas de color' abarca personas muy diferentes que solo tienen un rasgo en común: no ser blancas.

I feel most colored when I am thrown against
a sharp white background.
—CLAUDIA RANKINE[14]

"Puede ser agotadora, toda esa blancura"[15], dice la académica feminista Sarah Ahmed.

Estoy de acuerdo.

Cansa.

Muchísimo.

Especialmente porque la posición en la que estoy, esta perspectiva desde la que observo lo que ocurre a mi alrededor, se siente bastante solitaria. Estoy consciente de que para la mayor parte de las personas va a ser complicado entender mi punto de vista. ¿Cómo puede este asunto del racismo institucional afectarme? Después de todo, técnicamente comparto el color de piel con el resto de mis compañeros latinoamericanos, ¿cierto? Todos dirán que ninguno de nosotros, profesores y estudiantes del MFA en español, somos realmente 'blancos'.

Entonces, ¿cuál es el problema?

"Es importante recordar que la blancura no es reducible a la piel blanca o a algo que podemos tener o ser, incluso si somos aceptados dentro de un 'espacio blanco'", dice Ahmed, "cuando hablamos de un 'mar de blancura' o 'espacio blanco', hablamos del patrón de aceptación de algunos cuerpos y no de otros".[16]

Con respecto a esta cita, me gustaría añadir y enfatizar que soy de la opinión de que un 'espacio blanco' no está anclado necesariamente al color de la piel de aquellos que lo habitan.

---

14 *Citizen*, 53.

15 Ahmed, Sara. "Institutional Life." *On Being Included: Racism and Diversity in Institutional Life*, Duke University Press, 2012, p. 36 (mi traducción).

16 Ibid., 42 (mi traducción).

Para mí, se trata más que nada de un asunto relacionado al privilegio.

Los latinoamericanos que provienen de entornos privilegiados, sin importar el color de su piel (aunque es verdad que la mayor parte tienden a pertenecer a los tonos más claros del Pantone), crecieron en un mundo regido por códigos 'blancos'[17] dentro de sus países de origen y nunca salieron del mismo a pesar de que viven y estudian en Estados Unidos. Por lo tanto, a todos los efectos, yo los considero 'blancos'. Lo más complicado es que son el tipo de personas blancas que no parecen estar conscientes del privilegio que conlleva pertenecer al grupo hegemónico. El tipo de personas blancas que únicamente escriben desde y para la burbuja del privilegio. Esa burbuja que jamás ha sido cuestionada.

Parte de las expectativas que me había construido acerca del MFA de Iowa incluían la suposición de que allí me encontraría con otros autores inmigrantes con objetivos similares a los míos —escritores a los que les interesaba promover e incentivar tanto la escritura como la lectura en español dentro de las comunidades hispanas en este país.

¿Por qué me construí aquellas expectativas? Es algo sobre lo que he reflexionado y creo que tuvo que ver en parte con aquel artículo que mencioné anteriormente publicado por *El País* en el que se puede leer que, "Otro de los puntos fuertes del programa es su proyección hacia la comunidad, con lecturas y talleres en escuelas" y que por esto —en palabras de la directora del programa—, "el escritor no está en una torre de marfil sino en el mundo".

No puedo saber si aquello fue alguna vez cierto. El artículo es del año 2012 y yo llegué al programa en el otoño de 2018. Pero lo que sí sé es que hasta ahora no he visto ninguna proyección del MFA, ni de los profesores ni de los estudiantes, a la comunidad hispana (una

---

17 Con esto me refiero, más que nada, al discurso y a las prácticas de la ideología dominante.

bastante asentada, por cierto, en Iowa City y sus alrededores). Ni lecturas, ni talleres en escuelas ni iniciativa alguna. Ahí la primera gran desilusión.

Aparte de eso, me encontré con un programa que, en mi opinión, da prioridad a los intereses de sus escritores internacionales. Sí, se escribe en español, pero desde un contexto latinoamericano y peninsular —con una mirada literaria desde y hacia esas regiones. La lista de lecturas asignadas apoya mi opinión: poesía y narrativa de autores latinoamericanos y españoles escrita y publicada en sus respectivos países. Incluso hemos leído narrativa y poesía en inglés de autores norteamericanos anglosajones. Pero nada de autores latinos que escriban desde EE. UU. Ni en español ni en inglés.

Otra fuente de desilusión surgió al hallar que varias de las personas con las que me ha tocado compartir talleres trabajaban proyectos de escritura aislados del entorno, de la época, proyectos que giraban únicamente alrededor del 'yo'. Y no es que esté opuesta a la narrativa del 'yo' —el ensayo personal es eso después de todo— pero existe una diferencia importante entre el egocentrismo y la introspección. Como dijo Joan Didion, "if you want to write about yourself, you have to give them something"[18].

Por supuesto que apoyo la libertad en la creación literaria. Sin embargo, al vivir en un país donde existe un discurso de odio hacia mi lengua materna, es difícil no pensar en la responsabilidad social que tenemos como escritores. Cuestiono entonces que en un programa que se promociona como un espacio en el que se escribe en español dentro de EE. UU.[19], no haya una preocupación, un incentivo para el desarrollo de proyectos que busquen generar un impacto positivo en la sociedad estadounidense.

---

18 "Joan Didion: Staking Out California", *The New York Times*, junio 1979.

19 Y que además cuenta con recursos importantes para generar un impacto. Todas las personas que son aceptadas en el MFA reciben automáticamente becas completas (bastante competitivas en comparación con otros programas).

Comparto la visión del ensayista Scott Russell Sanders —escritor que casualmente nació en Tennessee y se crio en el Medio Oeste— quien en su libro *Secrets of the Universe* propone: "Si queremos sobrevivir, [los escritores] debemos mirar hacia afuera desde el círculo encantado de nuestras propias palabras, hacia el estupendo teatro donde nuestra pequeña y breve obra se desarrolla".

Cabe aclarar que este no es un aspecto exclusivo del programa en español de Iowa. Sandra Cisneros, escritora que forma parte de la lista de autores conocidos que pasaron por el Iowa Writers' Workshop, evoca una impresión similar en la introducción de una de sus obras más aclamadas: "En Iowa nunca hablamos de servir a otros con nuestra escritura. Se trataba únicamente de servirnos a nosotros mismos"[20].

PRONÓSTICO DEL TIEMPO: predicción de las condiciones atmosféricas en el futuro.

A pesar del invierno polar, de las calles y veredas que pasaron meses cubiertas de hielo sucio, de tener que caminar a clase arriesgando caídas y gripes, Iowa City y yo empezamos a llevarnos mejor durante mi segundo semestre en el MFA. Junto al descubrimiento de las dinámicas de la universidad y de los mejores lugares para tomar café, aprendí también aspectos fundamentales sobre los programas MFA que me ayudaron a ajustar mis expectativas.

Primero, la posibilidad de enfocarme en un proyecto de escritura durante dos años y el acceso a lectores que, en mayor o menor grado proporcionan claves hacia aspectos de mi escritura que me conviene expandir y mejorar, representan sin lugar a duda una oportunidad extraordinaria.

---

20 *The House on Mango Street*, Vintage 2009.

Segundo, cierto nivel de escepticismo y crítica alrededor de la institucionalización de la creación artística es importante. Toda organización está expuesta a cometer errores —la comunidad de escritores y los programas MFA no son la excepción. No hay que callar: la irreverencia es primordial y necesaria en las artes[21].

Tercero, para sobrevivir los talleres es importante no tomarse todo muy en serio. Se debe aprender a filtrar lo que sirve de lo que no y a extraer lo positivo incluso de las opiniones negativas.

Así lo sugiere el escritor venezolano Adalber Salas Hernández quien vivió la experiencia del MFA en español desde NYU: "...no toda recomendación es atinada, no todo comentario vale su peso en tinta. La buena fe no siempre es la moneda común en el aula. Pero incluso esto es necesario, me parece, en este proceso de formación del texto. Estas circunstancias, generalmente consideradas negativas, son indispensables: enseñan a descartar el comentario sin tino, a evadir la crítica malsana, como quien esquiva disparos. El texto se afila en este contacto" [22].

> *It shaped me politically, my experiences at Iowa,*
> *because I realized that that is not what I want.*
> *I don't want to write stories that are only read by writers.*
> *It was an important time for creating my politics.*
> —SANDRA CISNEROS[23]

Este glosario es orgánico —el aprendizaje no ha terminado— pero una percepción más clara y mis expectativas más aterrizadas antici-

---

21 Mariana Gras, profesora argentina de "Historia del Pensamiento Social y Político Latinoamericano" en la Universidad Nacional de La Plata, dice, "Cuando el discurso hegemónico se transforma en sentido común, gana la hegemonía".

22 "A propósito de la maestría en escritura creativa", *Revista Temporales*, junio 2017.

23 "Entrevista a Sandra Cisneros", *Superstition Review*, Issue 9.

pan un segundo año menos turbulento en el MFA en Escritura Creativa en español de la Universidad de Iowa. Afianzar mi lugar dentro de una comunidad dinámica de escritores , lejos de Iowa, que no se rinde y no deja de crear espacios —también contar con un sótano amplio donde pasar las alarmas de tornado— contribuirán a un ambiente más seguro y amigable en el que seguiré desarrollando dos manuscritos. Vaticino un clima más positivo también dentro de los talleres y las experiencias que están por llegar. El cielo de Iowa City ya no asusta tanto y tengo la certeza de que las situaciones que enfrentaré, a pesar de no ser ideales, se presentarán más despejadas que aquellas por las que pasé durante mi primer año.

El pronóstico es alentador no solo para mí sino también para la escritura en español en Estados Unidos. Este año se llevará a cabo la primera edición de la FILNYC y Chicago acogerá la Tercera Feria Latinx del Libro, eventos orientados a presentar y promover obras en español que se han escrito y publicado dentro de este país. Una confirmación de que nos vamos alejando de aquel proyecto que algunos consideran pionero del movimiento, la famosa antología *Se habla español: Voces latinas en USA* (Alfaguara, 2000), una obra que según el académico Javier Campos fue "concebida como la visión imaginada de EEUU por algunos escritores/as que no necesariamente han pasado un largo tiempo en el país o que no han estado nunca". [24] New Latino Boom, Literatura del Desarraigo, U.S. Latinx Literature in Spanish —no existe la etiqueta perfecta y encontrarla no debe ser la prioridad. Lo importante es continuar creando y compartiendo espacios donde se generen pensamientos, cruces textuales, ideas. Donde se dialogue y se transgredan fronteras. La literatura en español creada desde EE. UU. evoluciona constantemente —ninguna etiqueta la puede contener.

---

24 "Escritores latinos en los Estados Unidos (a propósito de la antología de Fuguet y Paz-Soldán, *Se habla español*, Alfaguara, 2000), *Revista Chilena de Literatura* n° 60, 2002.

Yo tampoco me dejaré contener.

Mi intención nunca fue que mi experiencia en el MFA fuera política. No podría haber imaginado que Iowa me inspiraría a cuestionar privilegios, a manifestarme en contra de la mirada eurocéntrica, la mirada hegemónica del programa. En Iowa aprendí también acerca de mi propio privilegio, lo distorsionada que estaba mi perspectiva del mundo debido a los códigos hegemónicos de los que fui parte en Latinoamérica. Solía pensar que no me interesaban ciertos asuntos políticos, pero el clima turbulento en este programa de escritura creativa rompió mi burbuja y ya no me interesa regresar a la conveniencia y a la comodidad de antes. Y eso es algo que siempre agradeceré al estado del maíz y a todos los que han sido parte de este camino inquieto —de este callejón de tornados. 由

Chicago al vuelo

¡RÁPIDO! SÚBETE A UN AVIÓN desde Bristol, Tennessee para aterrizar en el O'Hare International Airport por primera vez en tu vida. Córrele, que a la salida te espera tu amiga Martha a quien no ves desde la época de la escuelita de barrio en Guayaquil. Anda a que te lleve a dar una vuelta de trompo por el *downtown* de Chicago.

Mira, allá a lo lejos, esa es la Sears Tower, ¡qué chévere!, ya puedes decir que la viste.

Pero no te atontes mirando el atardecer reflejado en los edificios cristalinos... ¿No escuchas? Martha te está diciendo que te bajes al vuelo para tomarte una foto frente al *Wrigley Field*. Súbela rápido al *Facebook* porque ya queda poco tiempo. En el *Dunkin Donuts*, bebe el café en un respiro, cámbiate de ropa y por favor maquíllate un poco. No vayas a asustar a las personas ni bien te conocen, querida.

Y muévete que tienes que ayudar a tu amiga y al GPS en su expedición por el barrio latino de Pilsen.

Ese es el lugar, ¿cierto? El *National Museum of Mexican Art*. Acelera el paso que ya estás diez minutos tarde. Fíjate en la mesa llena de libros a la entrada. ¿Ves ese montoncito en el centro?

¡Son copias de la antología que acabas de publicar! Pero no te me emociones mucho, *darling,* que ya comenzó la charla inaugural del Encuentro de Autorxs Latinxs. ¿Te acuerdas? Sí, la razón por la que estás aquí. Así es que agarra de una vez esa Lagunitas IPA que te hace guiños y siéntate.

Escucha a Jennicet Gutiérrez contar como interrumpió al Presidente Obama durante un evento en la Casa Blanca para reclamar por los derechos de las mujeres trans latinx. No te vayas todavía y escucha la charla de un periodista que cuenta a la audiencia sobre las iniciativas de desobediencia civil en México.

Ahora sí.

Puedes salir del auditorio, pero la noche no se ha acabado mi reina, no seas antisocial y anda a presentarte y a saludar a la gente. Habla de tu libro, regala un par de firmas, siéntete en las nubes, ¡por qué no!, pero al vuelo que ya se acaba el evento de apertura.

¿Qué haces ahí sentada? No seas cómoda, ayuda a recoger. Síguele, que no tienes tiempo de estar cansada querida porque toca unirte al resto del grupo en la única cantina que ha sobrevivido la gentrificación de Pilsen.

El viaje te ha salido caro, así es que ni se te ocurra hacerte la tímida. Habla con confianza. Cerveza en mano, conversa sobre la literatura en español en Estados Unidos. Opina. Pregunta. Siéntete uno más de los chicos, de los literatos que se apretujan en el minúsculo lugar.

¡Despierta!

Hoy es el día de tu presentación. Desperézate un rato y comenta en las redes las fotos de anoche. Ubícate en el tiempo y en el espacio, pero no te acomodes mucho que ya va siendo hora de alistarte.

Síguele el paso a la gestora cultural Franky Piña en su recorrido flash por el *Barrio* para invitarte un *brunch* espectacular de huevos revueltos y tortillas de maíz recién hechas. Pide el café para llevar porque hay que llegar a la Casa Jalisco para comenzar todo un día de paneles.

Atenta, que apenas te quedan unos minutos para la última manita de gato. Los autores que participan en la antología van llegando uno a uno. No te quedes ahí, mujer, anda a darles un abrazo. Dales las gracias. Coméntales lo emocionada que estás.

Deja de darle vueltas a lo que vas a decir. Te estás perdiendo las palabras con las que el editor argentino Fernando Olszanski celebra la publicación de este libro que te has pasado meses editando. Este libro que recoge la obra de varios escritores sudamericanos que viven en EE. UU.

Bueno, está bien. Deja que tu mente repase un poco y alégrate de haber llegado hasta aquí.

Relájate.

Recuerda que en unas horas estarás de vuelta en tu pueblo de montañas azules... Pero ahora mismo, ¡despabila que te toca hablar! Ha llegado el momento de presentar a la audiencia tu hijo literario.

Pero al vuelo, por favor, que hay seis autores más que esperan su turno. Ellos también quieren contar sus historias.

Este es el momento.

Tu momento.

Respira. Sonríe. Lanza los hombros para atrás.

Pero acelerando que para luego es tarde. 🀫

En el tiempo de los *boardwalks*

Coney Island. Amor a primera vista, como de otra vida. Adoras ese universo de tienditas, bares y cafeterías que se ensartan entre el mar y un parque de diversiones.

El *boardwalk*.

Un lugar para sentarte con un helado o una cerveza. Disfrutar la brisa marina. Observar a los cientos de turistas yendo y viniendo, alborotados igual que las gaviotas hambrientas que aletean a tu alrededor.

Donde puedes entrar a un bar en el que todos se conocen, en el que saludan a los que van llegando por su nombre de pila. Como si el tiempo circular te transportase al recuerdo perdido de algún abuelo.

Tal vez un recuerdo de la infancia porque Coney Island tiene alma de circo, un mundo de fantasía con olor a sal.

En lugar de palomitas, cerveza.

En lugar de una orquesta, el sonido de las olas que crujen, que cantan una y otra vez y una y otra vez contra el muelle.

El acto principal: la marea de personas que viene y va y va y viene traqueteando la madera con sus acentos, sus colores, sus risas.

Ancianos con sus cañas de pescar sin ningún tipo de pretensiones. No les interesa domar criaturas marinas. Tan solo piden lo mismo que el resto: sentirse parte de la función, convertirse en uno más de los personajes de aquel mundo fantástico.

Al otro lado del país, el Muelle de Santa Mónica. A mitad del *board-walk*, un Jesús-trovador araña la guitarra para deleite de su media luna de apóstoles. Nadie se ofende, todo en buena onda.

Al final del muelle unas pancartas te cuentan la anécdota de Olaf Olsen: un robusto marino que pasó sus últimos días en aquel extraño rincón y que acabaría siendo una de las inspiraciones para el ícono "Popeye".

Cuando ves las fotos de Olsen —sonrisa pícara y quijada prominente— no dudas que sea cierto y te da gusto estar allí, frente al mismo trozo de mar por el que navegó libre en busca de aventuras aquel héroe de otros tiempos.

Porque es eso mismo lo que te enamora de los *boardwalks*. Ese olor añejo a posibilidades en aquellos tiempos cuando el futuro tecnológico parecía muy lejano.

Un ambiente fresco bajo una inmensa carpa azul donde el único mandamiento es relajarse y acoger ese buen *feeling*. Disfrutar de la marejada de quioscos: payasos de colores que ofrecen un sinfín de baratijas chinas, vasos de *shots* para los amigos, recuerdos.

Momentos capturados en el sombrero de un mago.

Allí se quedan guardados hasta que un día, uno de esos en que tu mundo tecnológico rebosa de estrés, alcanzas a ver por el rabillo inquieto de tu ojo un magneto brillante en la puerta de tu nevera.

Entonces recuerdas un día de mar, caminando sobre la madera antigua sin prisas, los dedos de tus pies danzando al ritmo de las olas. Un día de paseo por un lugar mágico, de los de antes. En un mundo más tranquilo, más simple.

En el tiempo de los *boardwalks*. ⊞

Querencia

CUANDO TE CITAN PARA EL EXAMEN DE CIUDADANÍA estadounidense, estudias. Te preparas. Lees y memorizas listas. Nombres. Fechas.

Tal como lo hacías para los exámenes del colegio y de la universidad, con la diferencia de que ahora puedes encontrar flashcards
con audio en YouTube y puedes escucharlas una y otra vez durante
tu road trip de diez horas entre Iowa City y Nashville.

¿What is the economic system in the United States? La secuen-
cia de silos y graneros ayuda a la concentración hasta que te topas
con un pequeño ejército de bebés de cartón brotando desde los maizales. Hay algo siniestro en sus sonrisas y casi los puedes escuchar
cantando el slogan "Choose life" al estilo del "One, Two, Freddy's co-
ming for you", pero no te quejas porque eso es parte del acuerdo de
vivir acá y así te lo recuerda la pregunta diez del cuestionario:

¿What is freedom of religion?

Pasas el Arco de Saint Louis y ya has memorizado los thirteen origi-
nal states. Poco a poco vas dejando atrás ese paisaje tan extraño, tan
plano del Medio Oeste. Ese cielo vasto, agresivo. Cielo que muerde.
En algún momento llegaste a pensar que te podría tragar como si fue-
ras un botón.

Por eso tu corazón casi da una media luna cuando el GPS te da la
bienvenida a Tennessee. Mientras tanto, ya puedes recitar todos los
estados que comparten frontera con Canadá. Para cuando el edificio
de AT&T se asoma desde el skyline en Nashville, dominas por fin la

pregunta que más costaba: *¿The House of Representatives has how many voting members?*

Te haces una nota mental, debes buscar el nombre de los senadores que representan a tu estado. Eso YouTube no lo sabe. Tampoco la respuesta a *¿Who is the Governor of your state now?*, pero no hace falta investigarlo. Es un apellido que conoces bien, que aprendiste hace tiempo cuando te lo encontrabas en letreros y placas a la entrada de varios de los salones y edificios de la Universidad de Tennessee.

El video que sigue te recuerda que también te van a hacer otro tipo de preguntas, no de cívica o geografía o historia sino de tu vida personal. Para esas también tienes que prepararte porque hay algunas cosas que ni a ti te acaban de quedar claras.

Por ejemplo, *¿Where do you currently live?*

La respuesta a esa pregunta sí que tienes que practicarla porque no quieres que se enciendan las alarmas en un edificio federal de Nashville cuando tengas que explicar tu situación.

Tu esposo vive en Tennessee y tú...

¿Vives en Iowa?

Te preocupa que a los agentes de inmigración les parezcan sospechosas tus pausas y tus dudas al momento de contestar esta pregunta porque la verdad es que, aunque el código postal que tienes en este momento te ubique en el estado del maíz, tú no te piensas como alguien que vive en Iowa.

¿Cómo es eso de que vives en Tennessee, pero estás aquí en Iowa? te pregunta Valeria Luiselli en un evento de tu programa de escritura.

Tú le sonríes.

Sabes bien que no es la única persona a la que confundes con esa respuesta y recuerdas los exámenes de las clases de Elementary Spanish I, cuando ante esa pregunta que te parecía tan simple, ¿Dónde vives?, tus estudiantes rellenaban el espacio indicado con el nombre de un lugar que no correspondía al espacio físico donde estaba la universidad. El nombre de un lugar al que ellos también se referían como su Home.

Torcías los ojos.

No han entendido la pregunta, pensabas. ¿No ven que por eso se pueden dar el lujo de aparecer en clase con sus pantalones de pijama, porque viven aquí al lado en los dorms?

En realidad, eras tú la que no comprendía.

Luego de varios años te ha quedado claro porque ahora tú también eres parte de ese conundrum: ESTUDIO en Iowa/ VIVO en Tennessee.

Esa es la respuesta que das a la agente que te asignan para tu entrevista-examen de ciudadanía en Nashville. Apenas te mira, totalmente concentrada en la pantalla, tipeando y rellenando. En cinco minutos sabe todo de ti, tú de ella apenas donde estudió porque lo ves en un diploma que casi se pierde dentro de esa oficina sin color.

De repente hace una pausa.

Duda retrasada, piensas enseguida. Tu espalda se contrae.

No encuentro la dirección de la Universidad de Iowa, te dice. Le das los datos y respiras de nuevo segura de que lo peor ya pasó.

Contestaste con éxito las preguntas del examen.

Tus datos y tus huellas también pasaron la prueba.

Ya casi estás fuera. Te relajas.

A unos pasos te espera tu esposo, a unos pasos más un bar. El primero que encuentren en el downtown turístico con música country-pop en vivo, esa que a él no le hace mucha gracia pero que tolera por ti, sobre todo hoy que debería ser un día para celebrar.

A unos pasos de solo tener que recordar las letras de las canciones.

Ya casi puedes saborear la cerveza, la música.

Pero a continuación, el game show de tus pesadillas. Uno que vas a tener que jugar durante lo que serán algunos de los minutos más largos de tu vida:

¿Have you ever been a member of the Communist Party, the Nazi Party, or a terrorist organization?

¿Were you ever involved in any way with genocide?

¿Were you ever involved in any way with torture?

¿Have you ever been a prostitute or procured anyone for prostitution?

¿Do you support the U.S. Constitution and the U.S. government?

¿Will you obey the laws of the United States?

¿Are you willing to take the Oath of Allegiance to the United States?

¿Are you willing to bear arms on behalf of the United States?

¿Would you be willing to defend the United States in a war?

¿Were you...? ¿Are you...? ¿Will you...?

Quieres pedir una pausa, un vaso de agua. Un descanso por favor, necesitas un momento. Pero la agente sigue y sigue y tú no quieres causar problemas y lanzas todos los NO, I am y I will, que necesita escuchar y ruegas que todo aquello se acabe pronto y que nunca más, nunca más tengas que pasar por algo así.

Cuando te felicitan porque aprobaste el examen de ciudadanía no quedas tan contenta como habías imaginado.

Sientes alivio, emoción, claro que sí. Tennessee es tu Querencia* y te alegra oficializar la relación. Sin embargo, queda un sabor a culpa, a tristeza, como si acabaras de traicionar a alguien muy importante.

---

* Aprendes un nuevo significado de la Querencia en un taller de noficción creativa en inglés: "a place where one feels safe, a place from which one's strength of character is drawn, a place where one feels at home". Te fijas que es la definición que aparece en *Urban Dictionary* y también en Pinterest —de esas citas con ilustraciones bonitas— pero no puedes encontrarla en español. Luego de investigar por un tiempo la fuente de esta definición en inglés, durante la última revisión del manuscrito de esta obra, te topas con un ejercicio de escritura sobre la Querencia y, por fin: la autora de aquella maravillosa interpretación es Georgia Heard. Cuando descubres que se trata de una escritora sureña, el círculo se completa.

Alguien que a pesar de que ya no ves mucho y que extrañas cada vez menos aún te sigue queriendo y mientras regresas por aquel mismo pasillo por el que hace media hora caminabas nerviosa, le pides disculpas.

Prometes que no lo vas a olvidar y agradeces los domingos en casa de la abuela, las pijamadas con las amigas del cole, los primeros amores, las primeras fiestas. Las posadas tropicales y los fines de año en la playa.

Le aseguras que lo visitarás pronto, que le dedicarás un poema. Tal vez dos.

Aunque ya no será parte de tus datos oficiales dentro de este país, será siempre parte de tu historia. Y esa es una historia para la que nunca te hará falta estudiar.

Más tarde en algún bar, en la Calle Broadway la cerveza y la música country te saben un poco amargas. 🈁

Sobre la autora

MELANIE MÁRQUEZ ADAMS es la autora de *Mariposas negras* (Eskeletra, 2017) y editora de las antologías *Ellas cuentan: Crime Fiction por latinoamericanas en EEUU* (Sudaquia, 2019) y *Del sur al norte: Narrativa y poesía de autores andinos*, premio International Latino Book Awards. En el 2018 recibió un Iowa Arts Fellowship y en el 2020 obtuvo un Máster (MFA) en Escritura Creativa por la Universidad de Iowa. Su obra en inglés y en español aparece en varias antologías y revistas literarias. 囲

katakana editores

Sello editorial sin fines de lucro.
Ediciones bilingües para enlazar culturas.

Non for profit publishing company.
Bilingual editions to bridge cultures

HISTORIA

Nuestra editorial katakana editores nace el 23 de abril de 2017 con la publicación de la antología bilingüe de autores mexicanos Tiempos Irredentos/Unrepentant Times con prólogo de la Premio Cervantes 2013 Elena Poniatowska Amor y se funda formalmente el día 31 de enero de 2018. 力

MISIÓN

Katakana editores tiene como misión conectar a lectores con escritores alrededor del mundo a través de (pero no limitado) las traducciones de sus obras al inglés, así como del inglés a otros idiomas como el español. 力

KATAKANA EDITORES CATALOGUE
CATALOGO KATAKANA EDITORES
KATAKANA EDITORES CATALOGUE
CATALOGO KATAKANA EDITORES
KATAKANA EDITORES CATALOGUE
CATALOGO KATAKANA EDITORES

KATAKANA EDITORES CATALOGUE
CATALOGO KATAKANA EDITORES

KATAKANA EDITORES CATALOGUE
CATALOGO KATAKANA EDITORES
KATAKANA EDITORES CATALOGUE
CATALOGO KATAKANA EDITORES
KATAKANA EDITORES CATALOGUE
CATALOGO KATAKANA EDITORES
KATAKANA EDITORES CATALOGUE
CATALOGO KATAKANA EDITORES
KATAKANA EDITORES CATALOGUE
CATALOGO KATAKANA EDITORES
KATAKANA EDITORES CATALOGUE
CATALOGO KATAKANA EDITORES
KATAKANA EDITORES CATALOGUE

POETRY CROSSOVER
(Bilingual poetry)

Among the Ruins/Entre las ruinas

(English/Spanish)
George Franklin (author).
Ximena Gómez (translator).
2018. 108 pages.
(Available in Kindle Format)
$12.00 usd ISBN-13: 978-1732114449

George Franklin's poems come from a deep understanding of human condition and beauty. Just like Tolstoi 's short story where Jesus finds that even a dead dog can have teeth as white as pearls, George enlightens us with images of crows, moles, flies or spiders. There is also a soothing element in his writing even in moments of despair that bind an ancient Chinese poet to a woman whose child cannot accept the terrible effects of old age. Among the Ruins/Entre las ruinas depicts a world that sometimes seems in the verge of collapse but that redeems itself under the readers' eyes, when we allow poetry speak for itself. 田

Los poemas de George Franklin provienen de un profundo conocimiento de la naturaleza humana y la belleza. Tal como los relatos de Tolstoi cuando Jesús es capaz de encontrar en un perro muerto dientes tan blancos como las perlas, George nos ilumina con imágenes de cuervos, topos, moscas o arañas. También existe un elemento reconfortante en su escritura, aún en momentos desesperanzadores, capaces de unir a un antiguo poeta chino con una mujer cuyo hijo no puede aceptar los efectos de la vejez. Among the Ruins/Entre las ruinas, nos muestra un mundo que por momentos parece encontrarse al borde del colapso pero que se redime bajo los ojos del lector cuando permitimos que la poesía hable por si misma. 卐

Último día/Last Day

(Spanish/English)
Ximena Gomez (autor)
George Franklin (translator)
2019. 114 pages
$12.00 usd
ISBN-13: 978-1732114470

Al mundo de Último día de Ximena Gómez se llega por veredas que la autora traza con precisión y delicadeza magistrales, con un pincel a la vez exquisito y escatológico. Este es un libro escuchado en susurros, un inventario minucioso del espacio que alberga el duelo, la ausencia, y hasta el amor: pequeños ruidos, sombras que esbozan en callado forcejeo las figuras de los que están, y de los que se han ido.

Francisco Larios (poeta y traductor, Compilador de la antología de poetas norteamericanos del Siglo XXI Los hijos de Whitman). ⊞

We reach the world of Ximena Gómez's Last Day through paths that the author traces with masterful precision and delicacy, with a brushstroke that is both exquisite and eschatological. This is a book heard in whispers, a meticulous inventory of the space that houses mourning, absence, and even love: small noises, shadows that sketch in quiet struggle the figures of those who are present, and those who have gone.

Francisco Larios (poet and translator, compiler of the anthology of American poets of the XXI century Los hijos de Whitman) ⊞

The Afternoon of the Elephant and other poems.

Luis Benítez (author).
Beatriz Olga Allocati
(transaltor).
2020. 136 pages.
$12 usd.
ISBN-13: 978-1734185027

How lucky we are to have this volume of Luis Benitez's poems in English! A major figure in contemporary Spanish-language literature, Benitez does not merely make poems; he thinks in poetry. The poems in The Afternoon of the Elephant are a way of reflecting on the physical and social world at the same time as they make that world real by considering animals, oceans, friends and lovers, the sabretooth tiger, the heron, the salmon, the trout, the skunk, even the escaped elephant who interrupts our mundane conversations and eats fruit from the café table. *The Afternoon of the Elephant and Other Poems* destroy the habitual and ask us to consider the way thought enriches experience and restores our awareness of the breadth of the world outside ourselves. Benitez is a voice in these pages, a passionate reason that rejects the meanness that walks through our everyday lives, that celebrates what is overlooked.

GEORGE FRANKLIN (poet) 舟

FICTION CROSSOVER
(bilingual fiction)

Tiempos Irredentos/Unrepentant Times

(Spanish/English)
Short stories by Mexican authors
Omar Villasana (editor)
George Henson, Arthur M. Dixon,
José Armando Garcia, Silvia Guz-
mán (translators).
2017. 124 pages.
$16.95 usd.
ISBN-13: 978-0692884133

Seis relatos violentos de autores mexicanos: Alberto Chimal, Erika Mergruen, Yuri Herrera, Isaí Moreno, Úrsula Fuentesberain, Lorea Canales.

"En cada una de las historias prevalece la originalidad y el gozo de la escritura, rasgos que distinguen a los autores, pero también está presente la violencia, móvil de cada uno de los relatos y que fue la consigna bajo la cual mi amigo Omar Villasana –compilador de la edición– convocó a los narradores... Esta misma antología se publicará como e-book, término al que todavía no me acostumbro pero me llena de alegría al saber que circulará de web en web y miles de internautas disfrutarán más allá de las fronteras, algo tan necesario en los tiempos actuales cuando algunos se afanan por levantar muros y cerrar puertas."

Elena Poniatowska Amor 囲

Six violent short stories from mexican authors: Alberto Chimal, Erika Mergruen, Yuri Herrera, Isaí Moreno, Úrsula Fuentesberain, Lorea Canales.

"Originality and the joy of writing abound in these stories, features that define each of these writers. Also present is violence, the thread that runs through each of these stories and serves as the watchword around which my friend Omar Villasana—the editor of this edition—has brought together each of these authors... This anthology will also be published as an e-book, a term to which I am still not accustomed but one that fills me with joy, knowing that it will circulate from web to web and that thousands of Internet users will be able to enjoy beyond the confines of physical borders, something so necessary in modern times when there are those who strive to build walls and close doors."

Elena Poniatowska Amor 囲

No son tantas las estrellas/There Are Not So Many Stars

(Spanish/English).
Isaí Moreno (author).
Arthur M. Dixon (translator).
2019. 225 pages.
(Available in Kindle Format)
$18.00 usd
ISBN-13: 978-1732114463

El horror de la razón en el siglo de las luces, el palimpsesto de ese horror en el siglo del desencanto. Hay ocasiones en que la literatura logra mucho más que representar una época y aprehende la locura que le anima. No son tantas las estrellas (edición definitiva de Pisot) es la obra rara que sabe contar la historia de ciertos hombres en los que ha quedado la marca indeleble de tiempos monstruosos. Es por ello y por su escritura limpia y erudita, un libro destinado a convertirse en objeto de culto.

Yuri Herrera (Autor de los Trabajos del reino y Señales que precederán al fin del mundo) 田

The horror of reason in the Age of Enlightenment, the palimpsest of that horror in the age of disenchantment. There are times when literature goes beyond representing an era and grasps the madness behind it. There Are Not So Many Stars (the definitive edition of Pisot) is that rare work that tells the story of certain men who bear the indelible mark of monstrous times. For this reason, and for its clean, erudite writing, this book is destined to become a cult object.

Yuri Herrera (author of Kingdom Cons and Signs Preceding the End of the World) 卍

KATAKANA FICTION
(fiction translated to english)

Unrepentant Times: Short stories by Mexican authors.

Omar Villasana (editor).
George Henson, Arthur M. Dixon,
Jose Armando Garcia, Silvia Guzman
(translators).
2018. 70 pages.
(Available in Kindle Format)
$10.00 usd
ISBN-13: 978-1732114418

Six short stories by Mexican authors: Alberto Chimal, Erika Mergruen, Yuri Herrera, Isaí Moreno, Úrsula Fuentesberain and Lorea Canales.

"Originality and the joy of writing abound in these stories, fea-tures that define each of these writers. Also present is violence, the thread that runs through each of these stories and serves as the watchword around which my friend Omar Villasana —the editor of this edition— has brought together each of these authors... This anthology will also be published as an e-book, a term to which I am still not accus-tomed but one that fills me with joy, knowing that it will

will circulate from web to web and that thousands of Internet users will be able to enjoy beyond the confines of physical borders, something so necessary in modern times when there are those who strive to build walls and close doors."

Elena Poniatowska Amor 亞

Immigration: The Contest (Bad News from The Island).

Carlos Gamez (author).
Arthur M. Dixon (translator).
2019. 132 pages.
(Available in Kindle Format)
$14.00 usd
ISBN-13: 978-1732114456

In a not-so-distant future, four immigrants will risk their lives in a "game" whose object is to reach the Promised Land once known as Europe. Carlos Gámez Pérez offers us this dystopian vision of a world that sometimes seems all too close to our own at a time when nationalisms are resurging around the globe. 舟

The Most Fragile Objects.

George Henson (translator).
2020. 126 pages.
(Available in Kindle format).
$12.00 usd
ISBN-13: 978-1732114494

The Most Fragile Objects, Chimal's first novel published in translation, tells three stories (maybe two, or just one) of people living secret lives in early 21st-century Mexico. They seem to indulge in wanton sex and power fantasies. But is everything what it appears to be? With a style that never resorts to titillation and a plot structure in which the factual and the dubious chase each other, The Most Fragile Objects, is an unusual, dark take on the themes of power, love, imagination, and freedom. 舀

There Are Not So Many Stars
(definitive edition of Pisot)

Isai Moreno (author)
Arthur M. Dixon (translator)
2020. 114 pages
$12.00 usd
ISBN-13: 978-1734185010

The horror of reason in the Age of Enlightenment, the palimpsest of that horror in the age of disenchantment. There are times when literature goes beyond representing an era and grasps the madness behind it. There Are Not So Many Stars (the definitive edition of Pisot) is that rare work that tells the story of certain men who bear the indelible mark of monstrous times. For this reason, and for its clean, erudite writing, this book is destined to become a cult object.

Yuri Herrera (author of Kingdom Cons and Signs Preceding the End of the World) 弫

The Last New York Times

Luis Alejandro Ordóñez (author).
José Ángel Navejas (translator).
2020.
$12.00 usd.
ISBN-13: 978-1734185058

A newspaper is spotted several times along the history of Literature, but no one has ever seen it. If that newspaper ever existed, then somewhere, at least in an obscure and never visited archive, should be a copy of Rockefeller's New York Times. This thought was the force behind the search Luis Alejandro Ordóñez began and the result was The Last New York Times, a novel in three acts about the same obsession: to be able to read a newspaper written for another person, a famous and wealthy one with very specific needs, and because of that, the desire to read a kind of forbidden book. Instead what Ordóñez found was more than a forgotten newspaper, and the novel goes deep on those findings to tell the story of a myth.. 囝

COLECCIÓN PÉNDULO NAGARI
(Poesía en español)

miamimemata

Eduard Reboll 2017.
62 páginas.
$12.00 usd
ISBN-13: 978-1979104470

Poemas sutiles y propios. Localizados en el downtwon de Miami algunos. Fotografías y reflexiones urbanas que nos hablan del vivir aquí. Una observación casi antropológica del miamense de a pie. El mar y su ausencia, bajo el efecto lighthouse de Key Biscayne. E incluso, desde lo antagónico, hay una oda a la ciudad. Un cántico libre, una vez uno entiende como germina el día a día de los ciudadanos que la habitan en la bien llamada y querida Puerta de la Américas. 卐

Aquí[Ellas] en Miami

Alejandra Ferrazza, Gloria Milá de
la Roca y Omar Villasana (editores).
2018. 126 páginas.
$16.00 usd
ISBN-13: 978-1732114432

Aquí[Ellas] en Miami está conformado por 24 poetas miamenses:
Lourdes Vázquez, Rosie Inguanzo, Mia Leonin, Kelly Martínez,
Odalys Interián, Martha Daza, Susana Biondini, Yosie Crespo,
Lizette Espinosa, Glenda Galán, Teresa Cifuentes, Ana Kika, Judith
Ghashghaie, Maricel Mayor Marsán, Alejandra Ferrazza, Ximena
Gómez, Ena Columbié, Legna Rodríguez, María Juliana Villafañe,
Gloria MiládelaRoca, Pilar Vélez, Beatriz Mendoza, Lidia Elena
Caraballo y Rubí Arana.Aquí[Ellas] nos hablan sobre la nostalgia, el desamparo, el tiempo, el vacío, también la esperanza, el
amor y la libertad. Recurren a la historia, la familia, a recuerdos
que las han marcado, llegando estos a ser asideros vitales. La
voz femenina se hace presente desde la visión particular de
cada una de ellas. Algunos poemas nos muestran una cara de
la ciudad que habitamos y que nos duele reconocer, mientras
que en otros nos relatan la belleza de los paisajes y sus calles.
También surgen aquellos lugares que han quedado en la memoria y que muchas veces quisieran volver a caminar. 丏

COLECCIÓN HOLARASCA NAGARI

(Ficción en español)

Malas noticias desde la isla

Carlos Gámez.
2018.
136 páginas.
(Disponible también en
formato Kindle)
$14.00 usd
ISBN-13: 978-1732114425

En un futuro no muy lejano, cuatro inmigrantes arriesgarán su vida en un "juego" donde la apuesta es alcanzar la Tierra Prometida de lo que otrora se llamara Europa. Carlos Gámez Pérez nos entrega esta visión distópica, en un mundo que a ratos tristemente parece demasiado próximo, ante el resurgimiento de los nacionalismos a nivel global. ⊞

Miami Blue y otras historias

Xalbador García.
2019. 132 páginas.
(Disponible también en
formato Kindle)
$10.00 usd
ISBN-13: 978-1732114487

En el mapa desconocido de Miami existe un universo habitado
por parias, seres marginales que se confunden en el pantano
de asfalto.Miami Blue y otras historias de Xalbador García nos
ofrece la fotografía instantánea de esos seres (inmigrantes indocumentados, prostitutas, exiliados cubanos) que nos des-
cubren la realización no del sueño, sino de la pesadilla ameri-
cana. ⏏

Las noventa Habanas.

Dainerys Machado Vento
2019. 131 páginas
(Disponible también en
formato Kindle)
$10.00 usd
ISBN-13: 978-1734185003

La Habana no es una sino muchas, cambia con la luz del día y las tonalidades del mar. En Las noventa Habanas, Dainerys Machado Vento, crea, desde la mirada femenina de lo cotidiano, recuerdos, esos múltiples fragmentos que conforman el rompecabezas de la memoria, muestra, no una, sino múltiples ciudades con muros de agua, donde la insatisfacción en un ambiente opresivo escapa a lo que delimita una extensión geográfica. 万

COLECCIÓN ENSAYO NAGARI
(Ensayo, reseña, cronica, varia en español)

Bajo la luz de mi lámpara de Ikea.

Eduard Reboll. 2018. 246 páginas.
$14.00 usd.
ISBN-13: 978-1732114401

Es bajo la luz de la lámpara retratada en la portada de este libro que nacen los textos que el lector está a punto de develar. Escritos que, desde el año 2013 fueron publicados en la columna mensual Bajo la luz de mi lámpara de Ikea en nagarimagazine.com versión online de la revista Nagari. Al presentar este libro, he pretendido como editor mostrar una estructura diferente a la experiencia cronológica que vivió el autor y, de alguna forma, encontrar el hilo que guio durante los últimos cinco años la creación literaria de sus artículos. ⊞